능력과 가치를
높이고 싶다면
된다!

챗GPT부터 **미드저니**까지 다 통한다!

하루 만에 만드는

AI 사진 & 이미지

된다!

광고 사진, 카드 뉴스, 섬네일, AI 인물 모델 등
인스타그램, 유튜브, 블로그 어디든 활용 가능!

김원석 지음

결과물이 날라시는
**프롬프트 키워드
286가지 대공개!**

이지스퍼블리싱

능력과 가치를 높이고 싶다면
된다! 시리즈를 만나 보세요.
당신이 성장하도록 돕겠습니다.

된다! 하루 만에 만드는 **AI 사진&이미지**
Gotcha! AI Photos & Images in a Day

초판 발행 • 2025년 8월 26일

지은이 • 김원석
펴낸이 • 이지연
펴낸곳 • 이지스퍼블리싱(주)
출판사 등록번호 • 제313-2010-123호
주소 • 서울특별시 마포구 잔다리로 109 이지스빌딩 3층 (우편번호 04003)
대표전화 • 02-325-1722 | **팩스** • 02-326-1723
홈페이지 • www.easyspub.co.kr | **Do it! 스터디룸 카페** • cafe.naver.com/doitstudyroom
인스타그램 • instagram.com/easyspub_it | **엑스(구 트위터)** • x.com/easys_IT
페이스북 • www.facebook.com/easyspub

총괄 • 최윤미 | **기획 및 책임편집** • 임승빈, 지수민 | **기획편집 1팀** • 임승빈, 이수경, 지수민
교정교열 • 박명희 | **표지 디자인** • 김보라 | **본문 디자인** • 김보라, 트인글터 | **인쇄** • 보광문화사 | **마케팅** • 권정하
독자지원 • 박애림, 이세진, 김수경 | **영업 및 교재 문의** • 이주동, 김요한(support@easyspub.co.kr)

- 잘못된 책은 구입한 서점에서 바꿔 드립니다.
- 이 책에 실린 모든 내용, 디자인, 이미지, 편집 구성의 저작권은 이지스퍼블리싱(주)와 지은이에게 있습니다.

 이 책을 저작권자의 허락 없이 무단 복제 및 전재(복사, 스캔, PDF 파일 공유)하면 저작권법 제136조에 따라 **5년 이하의 징역 또는 5천만 원** 이하의 벌금을 부과할 수 있습니다. 무단 게재나 불법 스캔본 등을 발견하면 출판사나 한국저작권보호원에 신고해 주십시오(불법 복제 신고 https://www.copy112.or.kr).

ISBN 979-11-6303-757-6 13000
가격 17,800원

머리말

AI 시대, 기술을 좇다 지친 당신에게

챗GPT가 등장한 이후, 세상은 온통 AI 이야기뿐입니다. 글, 그림, 음악, 영상까지 매일같이 쏟아지는 새로운 AI 도구들을 보며 이 흐름을 놓치면 뒤처질 것 같은 불안감에 휩싸입니다. 과연 하루가 다르게 변하는 기술을 모두 따라가야 할까요?

핵심은 'AI와 대화하는 기술'을 익히는 것!

그래서 이 책은 과감히 말합니다. 모든 AI를 쫓을 필요가 없다고. 수백 개의 도구를 아는 것보다 그 모든 도구를 관통하는 단 하나의 본질을 이해하는 것이 훨씬 더 중요하기 때문입니다. 그리고 그 본질은 바로 AI와 대화하는 기술, 즉 '프롬프트 글쓰기'입니다. 어떤 AI든 결국 우리의 '말(프롬프트)'을 듣고 일하기 때문이죠.

이 책은 가장 본질적인 프롬프트 글쓰기 방법론을 가장 재미있고 직관적인 '이미지 생성 AI'를 통해 훈련할 수 있도록 설계했습니다. 그런데 글쓰기라고 하면서 왜 이미지일까요?

첫째, 재미있습니다. 텍스트만 주고받는 것보다 내 생각이 그림으로 즉시 나타나서 훨씬 더 즐겁습니다.

둘째, 성과가 명확합니다. 좋은 글이나 음악과 달리 좋은 이미지는 누구나 그 차이를 한눈에 알아볼 수 있습니다. 여러분의 프롬프트 실력이 일취월장하는 과정을 눈으로 직접 확인할 것입니다.

그렇다면 이 책에서는 뭘 하나요?

이 책은 여러분의 성공적인 훈련을 위해 체계적인 3단계 학습법을 준비했습니다.

1단계에서는 프롬프트 작성의 핵심 원리를 담은 프롬프트 체크리스트를 통해 생각을 설계하는 법을 배웁니다. 2단계에서는 인물, 배경, 구도, 조명 등 결과물의 퀄리티를 높이는 수백 가지 핵심 키워드를 익힙니다. 마지막 3단계에서는 지금까지 배운 모든 것을 활용하여 로고, 캐릭터, PPT 삽화 등 실무에 바로 써먹는 실전 프로젝트에 도전합니다.

이 책을 덮을 무렵, 여러분은 단순히 멋진 이미지를 만드는 기술뿐만 아니라 복잡한 AI 시대에 맞게 스스로 생각하고 질문하는 힘을 얻을 것입니다. 너무 조급해하지 마세요. 이 책이 가장 빠르고 든든한 지름길이 되어 줄 것입니다.

김원석 드림

◆ 차례 ◆

01장 │ 상상을 현실로 만드는 이미지 생성 AI

01-1 일상 깊숙이 자리 잡은 생성형 AI ··· 14
01-2 이미지 생성 AI의 기본 개념 파악하기 ··· 19
    요약하면 결과물을 가져다준다! — 생성형 AI ··· 19
    대표적인 생성형 AI — 챗GPT ··· 20
    생성형 AI에게 내리는 명령어 — 프롬프트 ··· 21
    AI로 이미지를 생성하기 위해 알아 둬야 할 9가지 용어 ··· 21
01-3 나만의 프롬프트로 차별화된 가치를 만들어라! ··· 23

02장 │ 이미지 생성 AI 간단하게 체험하기

02-1 챗GPT로 지금 당장 이미지 만들어 보기 ··· 28
    하면 된다! } 챗GPT로 이미지 생성하기 ··· 28
    하면 된다! } 챗GPT로 생성한 이미지 부분 수정하기 ··· 30
02-2 이미지 생성 AI의 다양한 능력을 소개합니다 ··· 33
    스케치를 이미지로 바꾸기 ··· 34
    이미지를 스케치로 바꾸기 ··· 34
    화질 개선하기 ··· 35
    배경 바꾸거나 제거하기 ··· 36
    의상 바꾸기 ··· 36
    인물 사진을 활용해 다른 사진 만들기 ··· 37
    인페인팅 / 아웃페인팅 ··· 37
    이미지 화풍 바꾸기 ··· 38
02-3 대표적인 이미지 생성 AI 7가지 ··· 39
    대화로 어려운 그림도 척척 그리는 만능 AI — 챗GPT ··· 40
    디자인 도구들이 모두 모였다! — 마이크로소프트 디자이너 ··· 41
    부분만 골라 실시간으로 수정한다! — 크레아 ··· 42
    프롬프트를 알아서 보충해서 작성해 준다! — 이디오그램 ··· 43
    내가 그린 그림을 학습한다! — 레오나르도 AI ··· 44
    다양한 AI 이미지 기능 총집합! — 프롬 AI ··· 45
    착한 가격, 정말 착한 기능! — 제미나이 ··· 46
02-4 더 넓은 AI 세계, 고수들의 도구 살펴보기 ··· 48
    압도적인 품질과 세밀한 제어 — 미드저니 ··· 49
    창작자를 위한 만화 그리기 AI — 노벨 AI ··· 50
    디자인 전문가들이 사용하는 기술, 워크플로란? ··· 51

이미지를 차례대로 처리하는 과정을 설계하는 도구 — 컴피 UI ······ 51
가볍게 써볼 수 있는 워크플로 — 노르디 ······ 53

03장 원하는 이미지를 뽑는 프롬프트 작성 가이드

03-1 이미지 생성 AI 사용자를 위한 기본 상식 ······ 56
프롬프트, 상세할수록 결과는 정확해진다 ······ 56
한글 프롬프트 결과가 아쉽다면? 영어로 시도해 보세요 ······ 57
같은 프롬프트, 다른 결과? AI 모델의 한계 이해하기 ······ 58
AI 이미지 생성, 책임감 있게 사용하는 것이 중요해요 ······ 59

03-2 프롬프트를 구체적으로 작성해야 하는 이유 ······ 60
구체적으로 작성한 프롬프트는 어떤 AI에서도 통한다! ······ 63

03-3 이미지의 본질을 담은 프롬프트 작성법 ······ 70
이미지란 무엇일까? ······ 70
이미지의 핵심은 '중심 요소'에 있다! ······ 71
중심 요소를 '어떻게' 표현할까? ······ 73
이미지 생성 AI를 더 잘 쓰는 방법 ······ 75
구체적인 프롬프트를 완성하는 프롬프트 체크리스트 ······ 75

04장 피사체에 생명을 불어넣는 키워드

04-1 인물 표정부터 구도까지 표현하기 ······ 81
인물을 표현하려면 자기소개서를 적는다고 생각하세요! ······ 82
인물의 나이를 묘사하는 키워드 ······ 83
인물의 인종/지역 키워드 ······ 84
인물의 성격을 보여 주는 표정 키워드 ······ 86
감정에 관한 다양한 키워드 ······ 87
인상착의 키워드 ······ 88
헤어스타일 키워드 ······ 89
헤어스타일 질감(텍스처) 키워드 ······ 90
헤어스타일에 관한 다양한 키워드 ······ 91
시각적인 묘사 없이 간접적으로 인물 표현하기 ······ 91
간접적으로 인물의 특징 표현하기 ······ 93
간접적 표현에 쓰이는 다양한 키워드 ······ 94
성격을 보여 주는 자세 키워드 ······ 94
시선을 집중시키는 구도 키워드 ······ 96
인물의 시선 처리 키워드 ······ 97

04-2 현실과 상상을 넘나드는 동물 묘사 ······ 98
동물의 외양 키워드 ······ 100
동물의 인상착의, 무늬 키워드 ······ 101

		동물을 사람처럼 만드는 키워드	102
		동물의 자세 바꾸기	103
		뒷모습 표현	105
04-3		**느낌으로 완성하는 사물 묘사**	**106**
		사물의 소재를 다양하게 바꿔 보기	107
		소재별로 어울리는 키워드 추가하기	109
		사물에 추상적인 느낌을 더해서 표현하기	110
		함축적인 표현이 어렵다면? 문장으로 풀어 쓰기	112
04-4		**목적에 따라 달라지는 풍경 그리기**	**114**
		눈앞에 보이는 생생한 풍경 그리기	114
		분위기와 시점, 구도 키워드로 실감 나게 건물과 장소를 구현하기	116
		중심 요소를 강조하는 배경으로 풍경 그리기	117

05장 이미지에 깊이를 더하는 시각 표현 키워드

05-1	**매체 유형에 따른 키워드**	**120**
	미술 도구와 관련된 키워드	120
	표현 방식 키워드	121
	공예 키워드	122
	조각상 키워드	122
	디지털 그래픽 디자인 키워드	123
	일러스트 키워드	124
	사진 관련 키워드	125
	사진 촬영 테마 키워드	126
05-2	**화면 구성에 관한 키워드**	**127**
	프레임 키워드	127
	높이와 각도 키워드	129
	시점 키워드	130
	다양한 시점 키워드 예시	132
	구도 키워드	133
05-3	**빛과 조명에 관한 키워드**	**134**
	빛의 방향에 따라	134
	빛의 온도에 따라	135
	빛의 표현 방식에 따라	136

06장 프롬프트 체크리스트를 활용해 나만의 이미지 만들기

06-1	**아이콘/로고/스티커/픽토그램**	**140**
	동호회 심벌	141
	제품 상표	142

	우주인 스티커	143
	북극곰 스티커	144
	픽토그램	145

06-2 세상에 선보이는 캐릭터/마스코트 146

    내 것 만화용 캐릭터 147

    동문법원 마스코트 148

    버추얼 인플루언서 149

    게임 캐릭터 150

    이모티콘 151

06-3 아이디어 시안을 짤 때 유용한 제품 디자인 153

    디자인 아이디어 얻기 154

    무늬 디자인 155

    제품의 3D 모델링 시안 156

    티셔츠에 넣을 디자인 도안 157

06-4 글의 이해를 돕는 삽화 159

    발표 자료용 이미지 160

    SNS에 공유할 레시피 콘텐츠 161

    카드뉴스에 넣을 인포그래픽 164

    블로그 글에 넣을 삽화 165

07장 생성한 이미지, 다양하게 활용하기

07-1 이미지의 부족함을 채워 줄 인페인팅/아웃페인팅 167

    하면 된다! } 챗GPT에서 인페인팅으로 이미지 수정하기 168

    하면 된다! } 챗GPT에서 이미지의 특정 부분을 콕 집어 수정하기 170

    하면 된다! } 프롬 AI에서 아웃페인팅으로 이미지의 바깥 부분 그리기 172

07-2 이미지로 키워드를 배우자! 리버스 프롬프팅 176

    하면 된다! } 챗GPT로 리버스 프롬프팅하기 177

07-3 캔바를 활용해 시각 디자인 자료 만들기 179

    하면 된다! } 캔바로 긴단인 만화 만들기 180

    하면 된다! } 초대장 디자인하기 186

    하면 된다! } SNS에 공유할 레시피 이미지 만들기 191

07-4 이미지를 동영상으로, 이미지 투 비디오 AI 맛보기 196

    하면 된다! } 이미지를 활용해 영상으로 만들기 197

찾아보기 201

◆ 이 책은 이렇게 읽어 보세요! ◆

AI 이미지 생성을 시작하는 목적은 무엇인가요? 취미, 업무, 창작 등 각기 다른 목표에 맞춰 이 책을 가장 효과적으로 활용하는 방법을 알려 드립니다.

왕초보 & 비전공자

걱정하지 마세요. 01장부터 순서대로 물 흐르듯 따라가는 것이 가장 빠른 길입니다. 이 책은 '왕초보'의 눈높이에서 설명하기 때문이죠! 특히 03장의 '프롬프트 체크리스트'만 이해하면 이 책의 절반을 마스터한 것과 같습니다.

- ◆ 01장부터 순서대로 읽기
- ◆ 03장의 프롬프트 체크리스트로 내 프롬프트 점검하기

완성도를 높이고 싶은 숙련자

07장 '생성한 이미지, 다양하게 활용하기'로 바로 가보세요. AI가 만든 이미지의 부족한 부분을 채워 주는 인페인팅/아웃페인팅부터 텍스트와 도형을 추가하여 완벽한 시각 자료로 만드는 디자인 편집 기술도 알려 드립니다.

- ◆ 07장의 이미지 수정 및 활용법 배우기
- ◆ 03장의 프롬프트 체크리스트로 내 프롬프트 점검하기

아이디어가 필요한 기획자/마케터

그렇다면 06장으로 바로 점프하세요. '로고/아이콘', '제품 디자인', '삽화' 등 실무에 바로 써먹을 수 있는 템플릿과 아이디어가 가득합니다. 필요한 프로젝트를 골라 결과물을 빠르게 만들고 싶을 땐 04, 05장의 키워드 사전을 참고하세요.

- ◆ 06장의 다양한 예시들 살펴보기
- ◆ 04, 05장의 키워드 사전 참고하기

나만의 작품을 만들고 싶은 창작자

04장 '피사체 묘사'와 05장 '시각 표현'이 보물 창고가 될 것입니다. 인물의 미묘한 표정, 사물의 재질감, 빛의 방향, 특정 화풍 등 작품에 깊이를 더해 줄 키워드 수백 개를 조합하며 새로운 영감을 얻어 보세요.

- ◆ 04, 05장의 키워드 사전 공부하기
- ◆ 03장의 프롬프트 체크리스트로 내 프롬프트 점검하기

✦ 자주 묻는 질문 BEST 5 ✦

이미지 생성 AI를 시작하는 분들이 가장 궁금해하는 질문 5개를 모았습니다.

AI로 만든 이미지, 상업적으로 사용해도 되나요?

> 서비스마다 정책이 다르므로 반드시 이용 약관을 확인해야 합니다.
> 일반적으로 유료 버전은 허용, 무료 버전은 제한하는 경우가 많습니다.

프롬프트를 책과 똑같이 썼는데 왜 다른 이미지가 나오죠?

> 정상입니다!
> AI는 의도적으로 약간의 무작위성을 부여하여 매번 다른 결과물을 만듭니다.
> 책과 다른 결과물은 당신만의 새로운 작품입니다.

꼭 영어 프롬프트를 써야 하나요? 한글도 괜찮나요?

> 구체적인 프롬프트를 작성한다면, 한글도 괜찮습니다.
> 이 책에서 소개하는 '프롬프트 체크리스트'로 구체적인 프롬프트를 완성한다면,
> 어떤 AI를 써도 원하는 결과물을 만들 확률이 높아집니다. 단, 이미지 생성 AI에 따라
> '한국어를 지원하지 않는' 경우도 있으니 각 서비스별 사용법을 잘 알아 두세요.

생성된 이미지의 화질이 너무 낮은데 어떻게 하죠?

> '업스케일링(Upscaling)' 기능을 사용하세요.
> 대부분의 AI 서비스에서는 저화질 이미지를 선명한 고화질로 바꿔 주는
> 업스케일링 기능을 제공합니다.

어떤 AI 서비스를 써야 할지 모르겠어요.

> 직접 써보는 것이 정답입니다. 02장에서 다룬 무료 도구들로 먼저 체험해 보세요.
> 대화형은 챗GPT, 편집 기능은 프롬 AI, 실시간 스케치는 크레아를 먼저 추천합니다.

◆ 내가 만든 작품을 자랑해 보세요 ◆

이미지 생성 AI를 활용하여 만든 작품을 자랑할 수 있는 공간을 소개합니다!

1 패들렛 — 온라인 갤러리에서 작품을 감상하세요!

아래 링크를 입력하거나 오른쪽 QR코드를 스캔하여 '이지스 AI 갤러리 패들렛'에 접속하세요. 로그인하지 않아도 자신의 작품을 익명으로 전시하고 다른 사람의 작품을 감상할 수 있습니다.

만약 패들렛에 내 작품을 출품하고 싶다면 easys_it@easyspub.co.kr로 보내 주세요!

패들렛 바로 가기

독자들의 멋진 작품을 감상할 수 있어요!

◆ 이지스 AI 갤러리 패들렛
bit.ly/easys_gall

2 디스코드 서버 — 실시간으로 소통하고 저자의 라이브 코칭을 받으세요!

'이지스 AI 크리에이터 디스코드'에서 실시간으로 소통하며 함께 성장하세요. 다양한 주제별 채널에서 저자의 라이브 프롬프트 코칭, 최신 AI 뉴스 공유, 독자들 간의 활발한 Q & A가 이루어집니다.

#작품_자랑하기 채널에 생성형 AI로 만든 결과물을 올리면 우수작을 선정하여 더 나은 결과물이 나올 수 있도록 저자가 프롬프트 피드백을 직접 달아 드립니다.

디스코드 바로 가기

생성형 AI의 사용 노하우도 참고해 보세요!

◆ 이지스 AI 크리에이터 디스코드
bit.ly/easys_ai_creator

◆ 온라인 채널 소개 ◆

'Do it!

'Do it! 스터디룸'에서 이 책으로 공부하는 독자들을 만나 보세요. 혼자 시작해도 함께 끝낼 수 있어요. '두잇 공부단'에 참여해 이 책을 완독하고 인증하면 이지스퍼블리싱에서 발간한 책을 선물로 받을 수 있답니다!

◆ Do it! 스터디룸
cafe.naver.com/doitstudyroom

이지스퍼블리싱 블로그에서 정보를 얻어 가세요!

이지스퍼블리싱 블로그에서 책과 관련된 다양한 이야기를 만나 보세요! 실무에 도움되는 내용은 물론, 실생활에 필요한 정보까지 모두 얻어 갈 수 있습니다.

◆ 이지스퍼블리싱 블로그
blog.naver.com/easyspub_it

공식 인스타그램을 팔로우하고 다양한 이벤트에 참여하세요!

신간 정보와 책 관련 이벤트 소식은 이지스퍼블리싱 공식 인스타그램에서 빠르게 확인할 수 있습니다. 다양한 이벤트에 참여하고 신물도 받아 가세요!

◆ 이지스퍼블리싱 인스타그램
instagram.com/easyspub_it

온라인 독자 설문
보내 주신 의견을 소중하게 반영하겠습니다!

오른쪽 QR코드를 스캔하여 이 책에 대한 의견을 보내 주세요. 더 좋은 책을 만들도록 노력하겠습니다.
의견을 남겨 주신 분께는 보답하는 마음으로 다음 6가지 혜택을 드립니다.

1. 추첨을 통해 소정의 선물 증정
2. 이 책의 업데이트 정보 및 개정 안내
3. 저자가 보내는 새로운 소식
4. 출간될 도서의 베타테스트 참여 기회
5. 출판사 이벤트 소식
6. 이지스 소식지 구독 기회

일러두기
- 이 책의 내용은 2025년 8월 12일의 생성형 AI 버전을 기준으로 작성했습니다.
- 메뉴명 등의 용어는 사용하는 프로그램에 맞추었습니다.
- 이후 인공지능의 빠른 변화로 AI 서비스의 인터페이스가 바뀌고 결과물이 다르게 나올 수 있으므로, 책을 구입한 즉시 읽고 실습하길 권장합니다.
- 실습 프롬프트 파일은 이지스퍼블리싱 홈페이지(www.easyspub.co.kr) 자료실에서 내려받을 수 있습니다.

상상을 현실로 만드는 이미지 생성 AI

우리 일상에서 AI가 만든 이미지를 마주치는 일이 점점 많아지고 있습니다. 디자이너가 아니더라도 누구나 그럴듯한 이미지를 만들 수 있게 되었죠. 미술, 사진, 디자인을 자신의 손으로 직접 표현하는 재능이 없더라도 이미지에 관한 지식과 아이디어만 있으면 AI가 대신 표현해 주는 시대가 되었으니까요. 머릿속으로 상상만 하던 이미지를 AI의 손을 빌려 그려 볼까요?

01-1 일상 깊숙이 자리 잡은 생성형 AI
01-2 이미지 생성 AI의 기본 개념 파악하기
01-3 나만의 프롬프트로 차별화된 가치를 만들어라!

01-1
일상 깊숙이 자리 잡은 생성형 AI

저는 머릿속의 생각을 전달할 때 그림으로 그려 표현하는 것을 좋아합니다. 그런데 그림을 그리다 보면 실력이 모자라 표현의 한계에 부딪힐 때가 많았습니다. 하지만 이제는 제 그림 실력으로 그려내지 못했던 생각이나 장면을 이미지 생성 AI가 대신 표현해 주고 있어서 새로운 이미지를 만들어야 할 때 매우 유용하게 사용하고 있습니다.

여러분은 이미지 생성 AI를 어디에 사용하고 싶나요? 이미지 생성 AI를 어디에, 어떻게 사용할 수 있는지 알아보기 전에 먼저 생성형 AI를 간단히 설명해 보겠습니다. 우리 일상에 다양한 이미지 생성 AI가 어떻게 사용되고 있는지 알게 되면 여러분도 생활 속에서 이미지 생성 AI를 어떻게 활용할 수 있을지 감을 잡을 수 있을 것입니다.

우리는 AI와 함께 산다!

2022년 11월 말, **챗GPT**(ChatGPT)가 세상에 등장하면서 많은 사람이 AI에 관심을 가지기 시작했습니다. 이후 시간이 꽤나 지났는데도 AI를 향한 관심은 여전히 뜨겁습니다. AI 기술이 빠르게 발전하면서 글, 이미지, 영상, 음성 등 다양한 데이터를 처리하는 AI 기술도 실생활에서 활용되고 있습니다.

당장 유튜브만 봐도 AI가 만든 이미지, 음악, 영상, 스크립트를 조합해 만들어 낸 영상들이 쏟아져 나옵니다. 이제는 사람이 만든 영상인지 AI가 만든 영상인지 구분조차 하기 힘들게 됐죠.

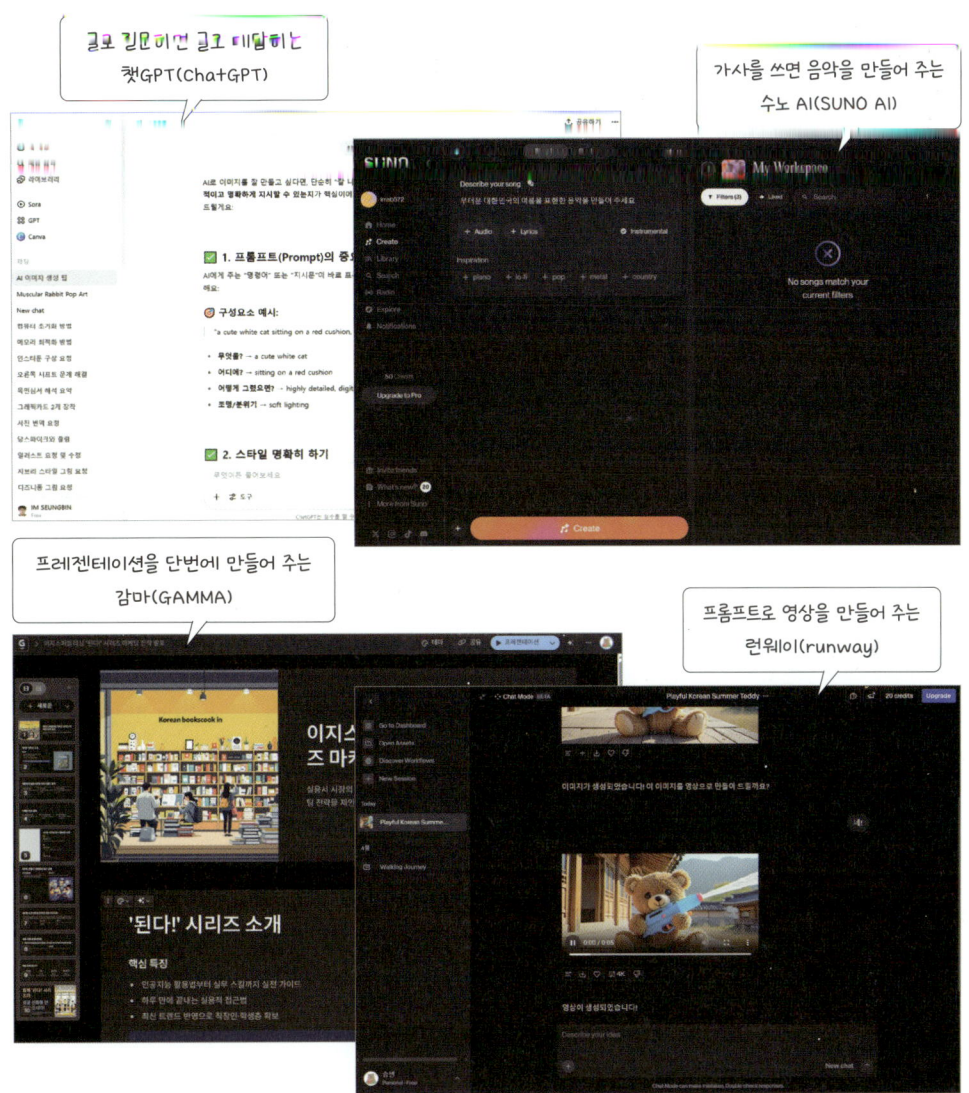

조별 과제처럼 명령을 처리하는 생성형 AI

지금의 챗GPT는 어떻게 글쓰기부터 이미지 생성까지 다양한 일을 처리할 수 있을까요? 그 비밀은 마치 조별 과제를 떠올리면 쉽습니다.

예를 들어 AI에게 "반려 새료를 만들어 줘"라고 요청하면 자료 조사를 잘하는 AI, 글쓰기를 잘하는 AI, 그림을 잘 그리는 AI가 각자 맡은 임무를 수행한 뒤 그 결과물을 하나로 합쳐 우리에게 보여주는 것입니다. 이렇게 각각의 기능을 수행하는 AI를 에이전트 AI(agent AI)라고 하며, 챗GPT의 답변 뒤에도 많은 에이전트 AI들이 상호작용을 하며 사용자가 원하는 결과물을 만들어내는 과정이 숨어 있습니다.

조별 과제를 하듯 다양한 일을 협동해서 처리하는 생성형 AI

오늘날 이 이미지 생성 AI는 다양한 형태로 우리 곁에 존재합니다. 챗GPT와 같은 종합 서비스에서 에이전트 AI의 일부로 기능하기도 하고 미드저니처럼 이미지 생성만을 전문적으로 제공하는 독립적인 서비스로 등장하기도 합니다. 심지어는 포토샵이나 캔바 같은 디자인 도구에 탑재되어 편의 기능을 강화하는 역할도 하고 있습니다.

이렇게 쉽고 강력한 도구들이 많아진 덕분에 이제는 누구나 AI를 활용해 놀라운 결과물을 만들어 내고 있습니다. 지금부터는 다른 사람들이 이미지 생성 AI를 어떻게 활용하고 있는지 함께 살펴보겠습니다.

이미지 생성 AI를 다루는 직업, 'AI 크리에이터'

많은 회사에서 이미지 생성 AI를 적극 활용하기 시작했습니다. 직접 촬영하기 어려운 실험적인 영상을 만들기도 하고 촬영 스튜디오나 모델을 섭외하지 않고도 완성도 높은 제품 사진을 만들 수 있게 되었습니다. 최근에는 생성형 AI를 활용해 회사의 브랜드 이미지를 확장하고 신선한 콘텐츠를 만들어 내는 것을 주요 업무로 하는 'AI 크리에이터'라는 직무도 생겨났답니다.

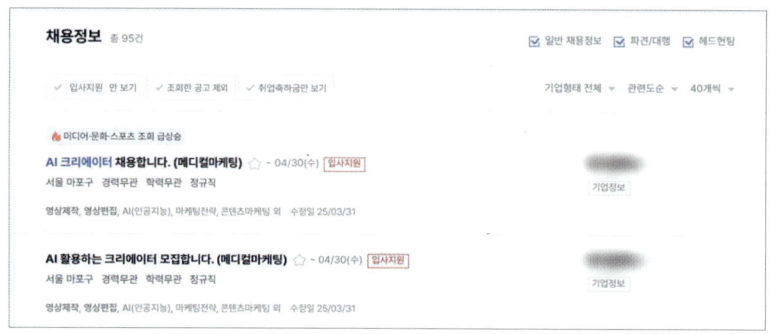

국내 구인/구직 플랫폼인 '사람인'에서 'AI 크리에이터'를 검색하면 관련 정보를 찾아볼 수 있습니다.

생성형 AI와 함께 다양한 공모전에 도전하기

공모전 웹 사이트인 '씽굿'의 통계에 따르면 생성형 AI를 주제로 한 공모전이 2024년 한 해에만 140건이나 개최되었다고 합니다. 게임, 소프트웨어, 과학, 마케팅, 디자인 등 분야도 다양한데요.

그만큼 사회 곳곳에서 생성형 AI를 활용하려는 시도가 활발하다고 볼 수 있습니다. 여러분도 이 책을 통해 익힌 이미지 생성 AI 프롬프트 작성법으로 공모전에 도전해 보면 어떨까요?

씽굿(thinkcontest.com)의 AI 관련 공모전 모집 공고 글

생성형 AI로 만든 예술 작품

생성형 AI를 잘 활용하면 나만의 작품을 만들 수도 있습니다. AI를 활용한 작품을 예술에 포함할 수 있는지에 관한 논란은 여전하지만 다양한 전시회가 속속 열리고 있습니다.

이제는 이미지 생성 AI를 비롯한 여러 AI 기술을 하나의 미술 도구로 인정하고 받아들이기 시작했습니다. 본업이 예술이 아닌 사람도 이미지 생성 AI를 활용해 작품 활동을 하고 있어요. 여러분도 이미지 생성 AI를 활용해 작가가 되어 보세요!

AI 아티스트 킵콴(@thisiskeepkwan) 님의 작품

01-2
이미지 생성 AI의 기본 개념 파악하기

이미지 생성 AI를 사용하기 전에, 먼저 알아 두면 좋은 용어를 소개하겠습니다. AI의 발전이 너무 빨라서 그만큼 관련된 용어도 많이 생겼는데요. 여기에서 소개하는 용어만 익혀도 앞으로 생활 속에서 접할 수 있는 다양한 AI를 어렵지 않게 파악할 수 있을 거예요.

요청하면 결과물을 가져다준다! — 생성형 AI

텍스트, 이미지, 음성, 영상 등 콘텐츠를 학습해서 새로운 데이터를 생성하는 AI를 생성형 AI(generative AI)라고 합니다. 그리고 생성형 AI가 만드는 데이터의 종류에 따라 더 세부적으로 비교할 수 있습니다.

사람이 입력한 내용을 학습해서 글을 만들어 내는 텍스트 생성 AI, 사진이나 그림을 학습해서 이미지 데이터를 만들어 내는 이미지 생성 AI, 그리고 영상을 학습해서 비디오 데이터를 만들어 내는 비디오 생성 AI 등을 예로 들 수 있습니다.

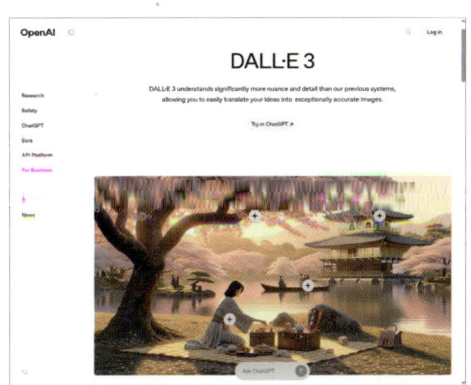 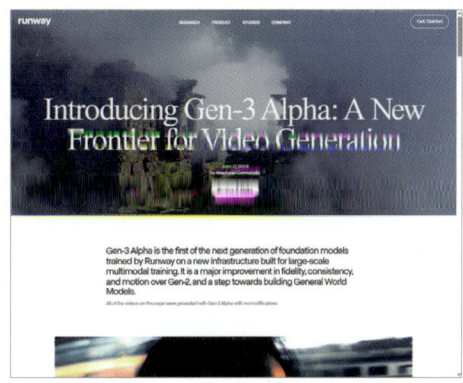

이미지 생성 AI 달리(DALL-E 3)와 비디오 생성 AI 런웨이(runway)

이러한 생성형 AI는 다른 말로 표현할 수도 있습니다. 명령으로 입력받는 데이터와 AI가 생성해 내는 데이터에 따라 구분합니다. 예를 들어 사람의 말(텍스트)을 입력받아 글을 만들어 낸다면 '텍스트로 텍스트를 만든다'라는 의미로 **텍스트 투 텍스트 AI**(text-to-text AI)라고 합니다. 그러면 사람의 말을 입력받아 이미지를 만드는 이미지 생성 AI는 뭐라고 할까요? 예상한 대로 **텍스트 투 이미지 AI**(text-to-image AI)라고 합니다.

대표적인 생성형 AI — 챗GPT

챗GPT(ChatGPT)는 미국의 오픈AI(OpenAI)에서 개발한 가장 유명한 채팅 형식의 생성형 AI입니다. 챗GPT는 방대한 텍스트 데이터를 학습하여 사람처럼 글을 이해하고 생성하는 거대 언어 모델(large language model, LLM)을 기반으로 만들어졌습니다.

너무나 유명해서 많은 사람들이 챗GPT를 AI 그 자체로 생각하곤 합니다. 하지만 챗GPT의 시작은 '글을 이해하고 글로 답하는' 텍스트 투 텍스트 AI였습니다.

물론 지금의 챗GPT는 처음과 비교할 수 없을 만큼 발전했습니다. 글뿐만 아니라 이미지, 음성, 파일 등 다양한 종류의 데이터를 인식하고 처리하는 멀티모달 AI(multimodal AI)로 진화했기 때문이죠. 이 책에서 우리가 배울 이미지 생성 능력 역시 이렇게 확장된 챗GPT의 놀라운 기능 중 하나입니다.

대표적인 생성형 AI인 챗GPT의 첫 화면

생성형 AI에게 내리는 명령어 — 프롬프트

생성형 AI에게 명령을 내리는 글을 **프롬프트**(prompt)라고 합니다. 같은 프롬프트를 작성해 AI에게 일을 시키더라도 결과는 매번 다르게 나타날 수 있으므로 일관되면서도 높은 수준의 결과물을 얻으려면 프롬프트를 최대한 구체적으로 작성하는 것이 중요합니다. 이렇게 생성형 AI가 일관되면서도 높은 수준의 결과물을 만들도록 프롬프트를 다듬는 기술을 **프롬프트 엔지니어링**이라고 합니다.

생성형 AI의 기능에 따라 프롬프트를 작성하는 방식도 다릅니다. 예를 들어 텍스트 생성 AI, 이미지 생성 AI, 코드 생성 AI 등은 AI에 따라 기대하는 입력과 출력이 다르므로 프롬프트도 조금씩 다르게 작성해야 합니다.

이미지 생성 AI에서는 시각 요소, 스타일, 구도, 분위기 등을 자세히 묘사해야 하고 텍스트 생성 AI에서는 역할, 대상, 톤, 길이, 목적, 맥락 등을 구체적으로 작성해야 합니다. 또 코드 생성 AI에서는 무슨 프로그램을 만들고 싶은지, 어떤 프로그래밍 언어를 사용할지 등을 구체적으로 작성해야 합니다.

AI로 이미지를 생성하기 위해 알아 둬야 할 9가지 용어

이미지 생성 AI를 잘 사용하려면 프롬프트 작성법을 아는 것이 가장 중요합니다. 하지만 프롬프트 작성 실력이 늘수록 AI가 생성한 이미지를 보면 2% 부족하다고 느끼는 순간이 찾아옵니다. 바로 이럴 때를 대비해 이미지 생성 AI는 결과물의 완성도를 한 단계 끌어올리는 여러 가지 고급 기능을 제공합니다.

다음 표는 이미지를 더욱 섬세하게 다듬을 때 사용하는 주요 기능과 관련 용어를 정리한 것입니다.

아직 프롬프트 작성이 익숙하지 않다면, 지금은 가볍게 '아, 이런 기능도 있구나!' 정도로 훑어보고 넘어가도 좋습니다. 앞으로 이 책의 내용을 따라가다 보면 자연스럽게 이곳의 기능들이 필요해지는 순간을 맞이할 것입니다.

용어	설명
인페인팅 (inpainting)	이미지의 특정 부분만 선택해서 수정·교체하는 기능입니다. 사진 속 인물의 옷 색깔을 바꾸거나 배경에서 불필요한 사물을 지울 때 사용합니다. ◆ 이 내용은 07-1절에서 자세히 다룹니다.
아웃페인팅 (outpainting)	기존 이미지의 캔버스 바깥 영역을 자연스럽게 확장하여 더 넓은 장면을 그려 내는 기능입니다. 좁은 인물 사진을 멋진 풍경 사진으로 만들 수 있습니다. ◆ 이 내용은 07-1절에서 자세히 다룹니다.
텍스트 렌더링 (text rendering)	이미지 안에 글자를 정확하고 미려하게 표현하는 기술입니다. 초기 AI는 글자를 자주 틀렸지만, 최근에는 포스터나 로고 디자인에 활용할 만큼 발전했습니다.
업스케일링 (upscaling)	저화질 이미지의 해상도를 높여 선명한 고화질로 개선하는 기능입니다. 화질이 깨져 확대해 사용했을 때 시각적으로 불편함이 느껴지는 이미지를 자연스럽게 복원하는 데 유용합니다. 예를 들어 작은 섬네일 이미지를 화면에 맞게 확대해서 보여 주거나 인쇄할 때 사용할 수 있습니다.
리버스 프롬프팅 (reverse prompting)	마음에 드는 이미지를 AI에게 보여 주고, "이 그림은 어떤 프롬프트로 만들었을까?"라고 역으로 물어보는 기술입니다. 다른 사람의 작품을 분석하고 배울 때 유용합니다. ◆ 이 내용은 07-2절에서 자세히 다룹니다.
네거티브 프롬프트 (negative prompt)	"이것만은 그리지 마!"라고 AI에게 지시하는 명령어입니다. 원치 않는 요소(예: 손가락 6개, 흐릿한 배경, 붉은색)를 제외해 이미지의 완성도를 높입니다.
시드 번호 (seed)	AI가 이미지를 생성할 때 사용하는 고유한 '무작위 값(난수)'입니다. 같은 프롬프트라도 시드 값이 다르면 다른 결과가 나오지만, 특정 시드 번호를 고정하면 스타일이 동일한 캐릭터나 구도를 일관성 있게 얻을 수 있습니다.
파인 튜닝 (fine-tuning)	AI 모델에 나만의 데이터를 추가로 학습시켜 '특화된 AI'로 만드는 미세 조정 과정입니다. 예를 들어, 내 그림체 100장을 학습시켜 '나만의 화풍으로 그려 주는 AI'를 만들 수 있습니다.
워크플로 (workflow)	이미지 생성의 전 과정을 '기능 블록'을 연결하여 자동화하는 시스템입니다. '캐릭터 생성 → 배경 합성 → 화질 개선'과 같은 복잡한 작업 흐름을 설계하여, 전문가 수준의 고품질 이미지를 대량으로 만들 때 사용합니다. 대표적인 워크플로 서비스로는 컴피 UI(ComfyUI), 플럭스(flux)가 있습니다. ◆ 이 내용은 50쪽에서 자세히 다룹니다.

01-3

나만의 프롬프트로
차별화된 가치를 만들어라!

지금까지 이미지 생성 AI의 기본 개념과 '프롬프트' 같은 주요 용어를 살펴보았습니다. 그런데 AI 기술은 여기서 멈추지 않고 계속 발전하고 있습니다. 바로 이 발전 때문에 우리가 '프롬프트'를 단순히 이해하는 것을 넘어 '나만의 방식'으로 잘 활용하는 일이 더욱 중요해졌습니다. AI의 최근 변화와 함께 그 이유를 좀 더 깊이 살펴보겠습니다.

이미지 생성 AI는 나날이 발전 중

2025년 3월 말, 오픈AI에서 이미지 생성 AI인 달리(DALL-E)를 업데이트했는데 정말 충격적이었습니다. 그전까지만 해도 이미지 생성 AI는 그럴듯한 그림은 그려 냈지만, 프롬프트의 맥락을 이해하거나 그림에 글자를 넣는 일은 여전히 어려워했습니다.

하지만 달리가 업데이트된 이후, AI는 마침내 **텍스트를 이해하고 표현하는 능력**을 보여 주기 시작했습니다. 챗GPT의 이미지 생성 기능을 활용해 만들어 본 네 컷 만화와 사진 편집 예시를 살펴보겠습니다.

이전 버전 챗GPT에서 만든 네 컷 만화

현재 버전 챗GPT에서 만든 네 컷 만화

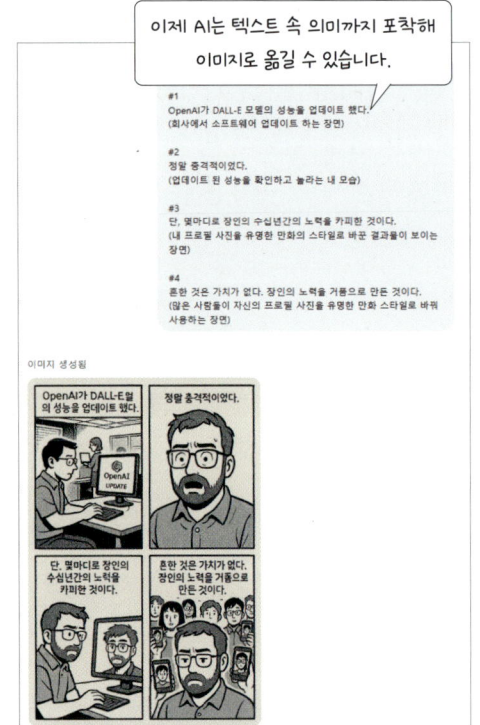

이렇게 뛰어난 이미지 생성 능력을 빌려 사람들은 그동안 펼쳐보고 싶었던 상상력을 표현하기 시작했습니다. 가장 인기 있었던 것은 자신의 프로필 사진을 《이웃집 토토로》, 《센과 치히로의 행방불명》, 《하울의 움직이는 성》 등 귀엽고 감성적인 애니메이션을 제작한 '스튜디오 지브리'의 화풍으로 바꿔 보는 것이었죠.

AI에게 단지 몇 마디 입력해서 내가 주인공인 이미지를 원작자가 그린 듯한 퀄리티로 만들 수 있다니, 너무나 편한 세상입니다.

쉬워진 모방, 그만큼 희미해지는 가치

사실 이러한 AI의 발전을 달가워하는 사람만 있는 건 아닙니다. 스튜디오 지브리의 수장이자 지브리 화풍의 아버지인 미야자키 하야오 감독은 자신이 평생에 걸쳐 완성한 화풍을 아무런 대가 없이 광고에 사용한 맥도날드를 향해 불편함을 표현했습니다. 화풍은 저작물로 인정되지 않아 법적으로 문제 되지 않지만, 한 사람이 평생을 바쳐 노력해 이룩한 결과물이 AI로 인해 너무나도 쉽게 모방되는 것은 정말 허탈한 일이니까요.

지브리풍의 이미지로 홍보하는 맥도날드를 꼬집는 미야자키 하야오 감독의 인스타그램 게시물

게다가 인물 사진을 지브리풍으로 바꾼 AI 이미지를 보며 신기해하는 것도 얼마 가지 않아 평범한 것이 되어버렸습니다. 이렇게 누구나 할 수 있는 일은 대부분 그렇게 큰 가치를 창출하지 못합니다. AI의 등장으로 세상 모든 일의 난이도가 낮아지면서 그동안 우리가 해오던 일도 대부분 가치를 더 낮게 평가받을 것입니다. 익히 알려진 방식대로 AI를 사용하는 것은 대부분 가치가 없습니다. 이것이 나만의 프롬프트 작성법을 갈고 닦아야 하는 이유입니다.

핵심은 나만의 차별화된 프롬프트에 있다!

하지만 나만의 프롬프트 작성법을 단번에 깨치는 것은 어렵습니다. 특히 이렇게 빠르게 발전하는 AI에 적응하면서까지 나만의 특색을 찾는 것은 더욱 어렵죠. 그래서 무엇부터 해야 할지 몰라 막막한 분들을 위해 '나만의 프롬프트'를 완성해 갈 수 있는 일련의 과정을 이 책에 담았습니다. 여기서 설명할 '나만의 프롬프트 작성법'을 깨우친다면, AI 시대를 살아갈 때 도움이 되는 큰 무기가 될 것입니다. 텍스트 생성이든 이미지 생성이든 핵심 원리는 하나로 통하기 때문입니다.

이어질 본문에서 이미지를 직접 생성하는 여정을 시작하세요. 그 여정이 끝날 무렵이면 여러분은 이미지를 생성하는 것이 아니라 생각을 형상화하는 법을 익히게 됩니다. 그리고 그 순간 AI와 공존하는 세상 속에서 새로운 방식으로 살아가는 나 자신을 발견할 것입니다.

이제 02장부터 그 구체적인 방법을 함께 탐험하며 여러분만의 프롬프트를 만들어 가는 첫걸음을 내디뎌 보겠습니다.

02장

이미지 생성 AI 간단하게 체험하기

한 번씩 챗GPT는 써봤지만 이미지 생성은 해본 적이 없어 막막해도 걱정하지 마세요. 이번 장에서 챗GPT의 이미지 생성뿐만 아니라 그 외에 대표적인 무료 이미지 생성 AI 7가지까지 소개하면서 재미있게 시작할 수 있게 도와드리겠습니다.

또한 이미지 생성 AI를 잘 활용하는 고수들의 도구들도 함께 살펴보겠습니다. 이 과정을 통해서 여러분은 미술, 촬영, 편집 기술을 따로 배우지 않아도 AI의 도움을 받아 자유자재로 이미지를 만드는 방법을 깨달을 수 있을 거예요.

02-1 챗GPT로 지금 당장 이미지 만들어 보기
02-2 이미지 생성 AI의 다양한 능력을 소개합니다
02-3 대표적인 이미지 생성 AI 7가지
02-4 더 넓은 AI 세계, 고수들의 도구 살펴보기

02-1

챗GPT로 지금 당장 이미지 만들어 보기

이미지 생성 AI 중 가장 대중적으로 잘 알려진 모델은 텍스트 투 이미지 AI입니다. AI에게 글로 설명하면 글의 내용을 반영한 그림을 그려 주는 방식으로 동작합니다. 여기서는 챗GPT의 이미지 생성 기능을 활용해서 프롬프트를 작성하고 이미지를 생성하는 방법을 알아보겠습니다.

하면 된다! } 챗GPT로 이미지 생성하기

이미지 생성 AI는 종류가 다양하지만, 이번 실습에서는 가장 쓰기 쉬운 챗GPT로 간단하게 이미지를 생성해 보겠습니다.

1 챗GPT에서 이미지 생성 기능을 사용하려면 로그인해야 합니다. 먼저 ❶ 챗GPT(chatgpt.com)에 접속하고 ❷ 오른쪽 위에서 [로그인]을 클릭해 로그인합니다.

◆ 아직 챗GPT 계정이 없다면 먼저 [회원 가입]을 눌러 계정을 만들고 로그인해야 합니다. 이 책에서는 회원 가입 방법을 따로 다루지 않습니다.

2 로그인을 마쳤다면 ① 프롬프트 입력 창에 그리고 싶은 그림을 설명하는 프롬프트를 작성합니다. 컵에 담긴 콜라에서 서핑을 하는 장면, 미니어처라고 입력해 볼게요. 프롬프트 입력을 마쳤다면 ② Enter 를 누르거나 ⬆ 를 클릭합니다.

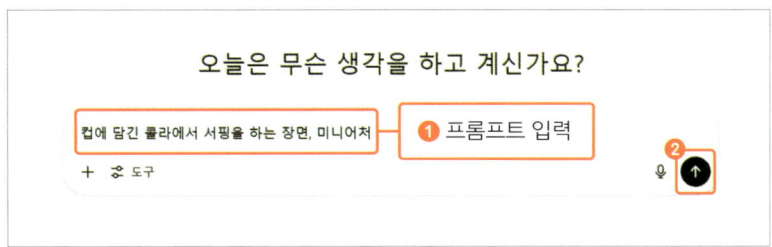

3 이미지 생성이 시작됩니다. 이미지 생성이 끝날 때까지 잠시 기다리면, 챗GPT가 아주 간단하게 완료해서 보여 줍니다. 어떤가요? 이미지가 제대로 나왔나요?

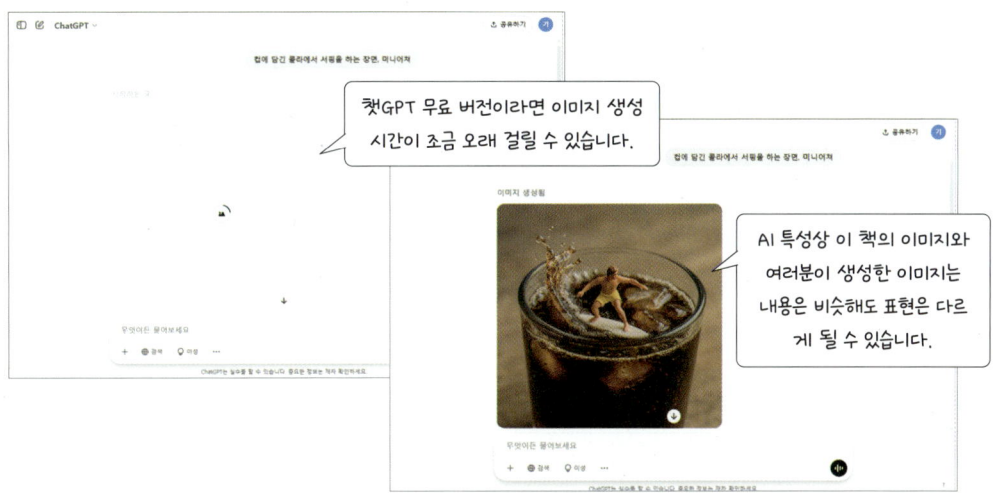

✨ **프롬프트와 결과물**

컵에 담긴 콜라에서 서핑을 하는 장면, 미니어처

02장 ✦ 이미지 생성 AI 간단하게 체험하기 **29**

하면 된다! } 챗GPT로 생성한 이미지 부분 수정하기

챗GPT로 생성한 이미지에 옥에 티가 있나요? 혹은 수정하고 싶은 부분이 있나요? 이번에는 이미지의 일부분만 간편하게 수정할 방법을 소개하겠습니다. 앞서 만든 이미지로 이어서 실습해 보겠습니다.

1 챗GPT의 채팅 화면에서 수정하고 싶은 이미지를 클릭하세요.

2 그러면 이미지가 크게 확대되며 화면 오른쪽 위에 버튼들이 나타납니다. 그중에 ❶ [선택]을 누르고 ❷ 이미지에서 수정하고 싶은 부분을 마우스로 드래그해서 선택하세요.

3 수정할 부분을 선택했다면 화면 아래쪽 프롬프트 입력 창에 이미지가 어떻게 바뀌면 좋겠는지에 관한 내용을 입력합니다. ❶ 여기에서는 **하와이안 셔츠와 선글라스를 쓴 서퍼**를 입력하고 ❷ Enter 또는 ⬆ 를 누릅니다.

4 이미지가 완성되었습니다. 이렇게 수정한 이미지도 앞의 **1** ~ **3** 과정을 따라 하면 다시 수정할 수 있습니다.

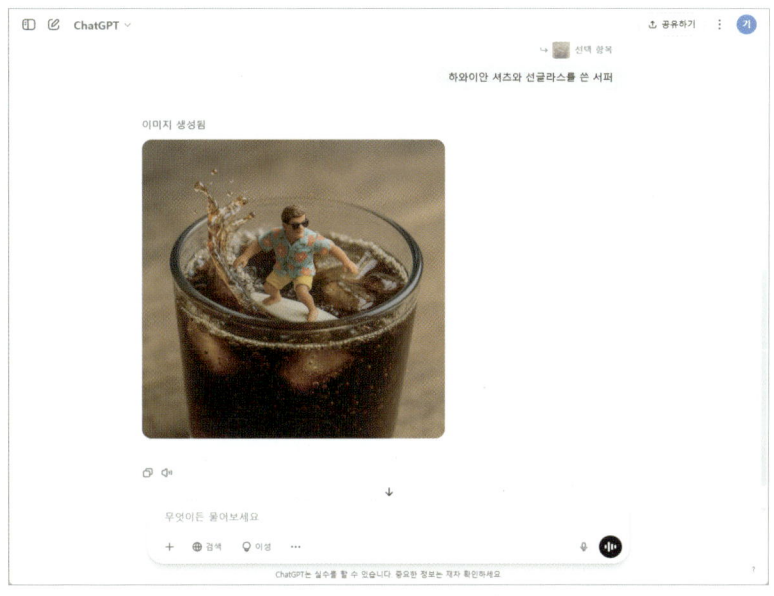

알아 두면 좋아요! 생성한 이미지 말고 원본 이미지 수정하기

앞서 소개한 부분 수정 기능은 챗GPT가 생성한 이미지에만 사용할 수 있습니다. 컴퓨터에 있는 이미지를 챗GPT의 채팅 화면에 올려서 곧바로 부분 수정하는 기능은 현재 제공되지 않지만 다음과 같이 편집해 볼 수 있습니다.

챗GPT 채팅 화면에 이미지를 첨부하고 수정하고 싶은 부분과 어떻게 수정하고 싶은지 프롬프트를 작성합니다. 이 과정에서 원본 이미지와 거의 유사하게 부분 수정된 이미지를 얻을 수 있습니다. 그러나 자세히 살펴보면 원본 이미지와 미묘하게 다른 점을 발견할 수 있으니 '이런 것도 되는구나!' 정도로 참고하세요!

이 사진의 오른쪽 하단에 붓 통을 제거하고, 다른 배경과 비슷한 이미지로 채워넣어줘

이미지 생성됨

대체로 프롬프트를 입력한 대로 수정해 주지만, 미묘하게 다른 경우가 많으니 주의하세요!

02-2

이미지 생성 AI의
다양한 능력을 소개합니다

이제는 글만 써도 이미지 생성 AI가 알아서 이미지를 쉽게 만들어 낸다는 것을 배웠습니다. 너무나 쉽고 강력한 이미지 생성 AI의 기능 때문에 대부분의 사람은 **프롬프트를 작성하면 그 내용대로 그림을 생성해 주는 것**으로만 알고 있습니다.

사실 이미지 생성 AI는 **더 넓은 의미를 포함**합니다. 우리가 일반적으로 말하는 이미지 생성 AI는 텍스트로 이미지를 생성하는 텍스트 투 이미지 AI 외에 이미지로 이미지를 출력하는 이미지 투 이미지 AI도 있죠. 결국 **무엇을 입력하든 결과물로 이미지를 만들어 내기만 하면 이미지 생성 AI**라고 할 수 있습니다.

이제 이미지 생성 AI를 활용해서 할 수 있는 다양한 기능을 소개해 보겠습니다. AI마다 제공하는 기능이 다를 수 있으므로 여기에서는 "이미지를 이렇게도 바꿔 볼 수 있구나" 정도로 알고 넘어가면 됩니다. 여기서 소개하는 기능을 알아 두기만 해도 AI를 더욱 똑똑하게 활용할 수 있을 거예요. 이미지 생성 AI를 활용해서 이미지를 바꾸는 8가지 방법을 알아보겠습니다.

스케치를 이미지로 바꾸기

사람이 손으로 그린 그림을 채색하거나 사진으로 바꿀 수 있습니다. 이미지를 작업하다 보면 머릿속 생각을 글로 표현하기 힘들고 섬세한 표현이 잘 떠오르지 않을 때가 많죠. 이때 손으로 간단히 그린 그림도 AI의 도움을 받아 완성도 높은 이미지로 만들 수 있습니다.

손으로 그린 스케치 　　　　　이미지로 바꾼 결과

이미지를 스케치로 바꾸기

반대로 사진을 사람이 손으로 그린 스케치처럼 바꿀 수도 있습니다. 실제 사진으로 다양한 작업을 해보고 싶을 때 그중에 스케치로 바꿔 보는 것도 재미있겠죠?

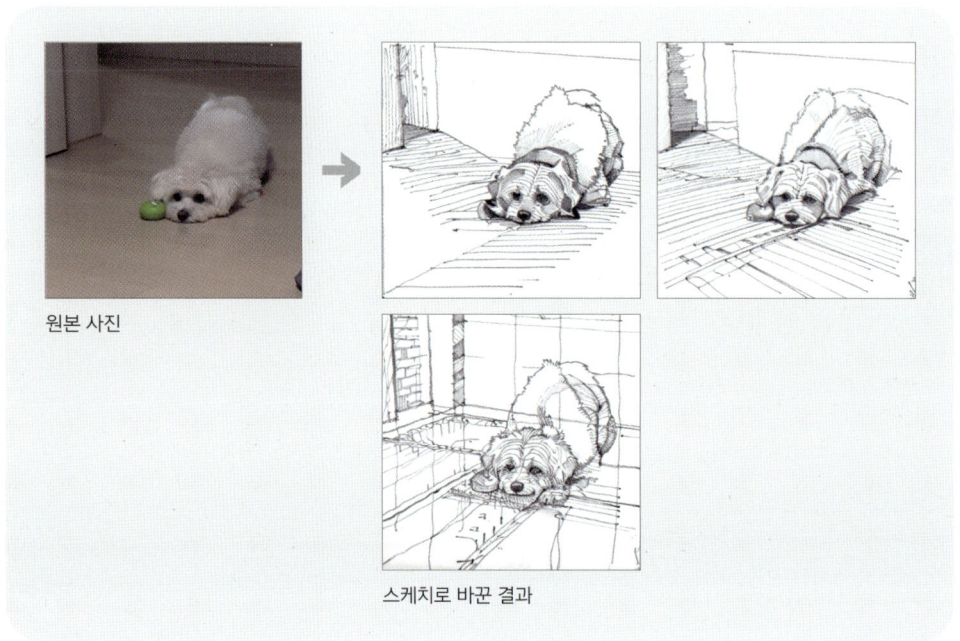

원본 사진

스케치로 바꾼 결과

화질 개선하기

저화질 사진을 고화질로 복구할 수 있습니다. 이러한 기능을 **업스케일링**(upscaling)이라고 합니다. 업스케일링 기능만을 제공하는 웹 사이트가 따로 있을 정도로 유용하고 활용도가 높은 기능입니다. 저는 주로 업스케일링을 무료로 간편하게 제공하는 프롬 AI나 레오나르도 AI를 사용합니다. ◆ 프롬 AI와 레오나르도 AI는 이어질 02-3절에서 간단히 다룹니다.

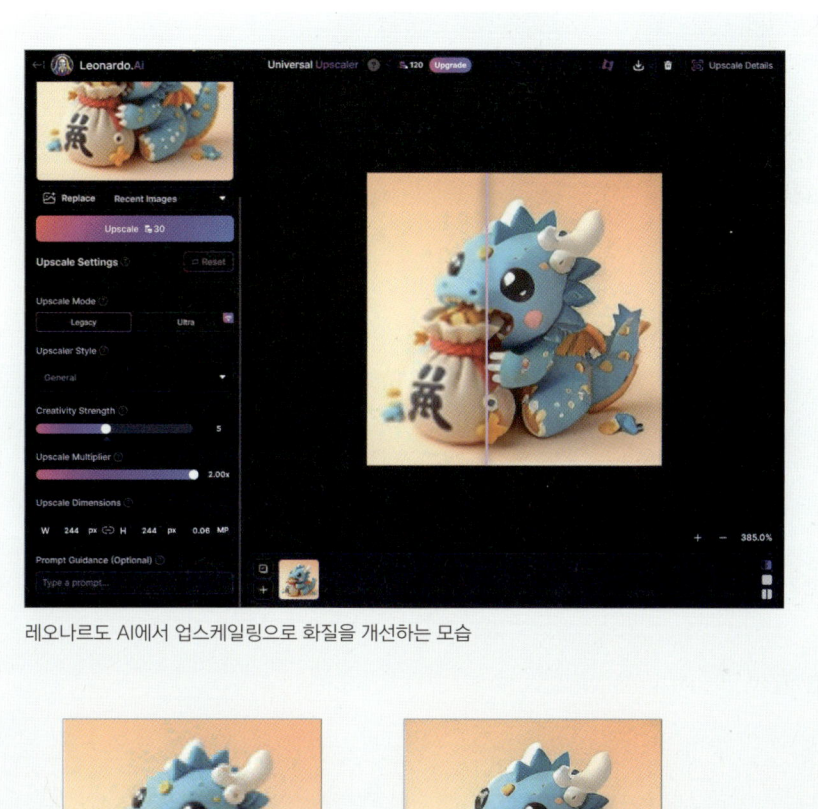

레오나르도 AI에서 업스케일링으로 화질을 개선하는 모습

화질 개선 전   업스케일링으로 화질 개선 후

배경 바꾸거나 제거하기

사진 속 사물은 괜찮은데 배경이 마음에 들지 않는다면 다음과 같이 배경을 아예 다른 것으로 바꾸거나 없앨 수도 있습니다.

원본 이미지 → 배경 변경 → 배경 제거

의상 바꾸기

정장을 입고 찍은 증명사진이 필요한가요? 인터넷 쇼핑몰에서 사고 싶은 옷을 찾았는데, 나에게 잘 어울릴지 모르겠다고요? 내 얼굴이 보이는 사진과 의상 사진만 있으면 옷을 바꿔 입은 이미지를 만들어 볼 수 있습니다.

편집 전 사진 + 바꿔 입을 의상 → 의상을 바꿔 입은 모습

인물 사진을 활용해 다른 사진 만들기

사진 속 인물의 헤어스타일, 의상, 배경을 모두 바꿀 수도 있습니다. 사진 속 인물의 얼굴과 자세를 인식하고 수정하는 기술, 배경과 빛의 방향을 수정하는 기술, 이미지의 스타일을 변경하는 기술 등 현존하는 여러 이미지 편집 기술을 적절히 사용하면 감쪽같은 결과를 만들어 낼 수 있습니다.

원본 이미지 → 헤어스타일, 의상, 배경을 다양하게 편집한 결과

인페인팅 / 아웃페인팅

인페인팅, 아웃페인팅은 AI로 만든 이미지를 활용하는 중요한 기능이므로 07-1절 실습에서 더 자세히 다룹니다. 여기서는 개념 정도만 간단하게 알고 넘어가세요!

인페인팅(inpainting)은 이미지의 일부분을 수정하는 기능입니다. 이미지에서 수정하고 싶은 부분을 선택한 후 프롬프트를 작성하면 됩니다.

원본 이미지 → 인페인팅 기능으로 이미지 속 그림을 바꾼 이미지

아웃페인팅(outpainting)은 인페인팅의 반대로 이미지의 바깥 영역을 확장해서 배경 등을 추가로 그리고 싶을 때 사용하는 기능입니다.

원본 이미지 → 아웃페인팅 기능으로 배경을 확장한 이미지

이미지 화풍 바꾸기

같은 대상이라도 이미지를 다양한 화풍으로 바꾸면 느낌이 달라집니다. 예를 들어 인물을 이미지에 담을 때 사진을 찍거나 수채화로 그리거나 조각상으로 표현하는 등 다양한 시각적 표현 방식을 사용할 수가 있죠. 이미지 투 이미지 AI를 활용하면 이미지의 스타일만 변경할 수 있습니다.

원본 이미지 → 다양한 화풍으로 바꾼 이미지

원본 이미지 + 스타일을 참고할 이미지 → 원본 이미지에 스타일을 적용한 이미지

02-3

대표적인 이미지 생성 AI 7가지

이번 절에서는 무료로 충분히 멋진 이미지를 만들어 주는 이미지 생성 AI 7가지를 소개하며 각각 어떤 특징이 있는지 간단하게 설명하겠습니다.

챗GPT　　마이크로소프트　　크레아　　이디오그램　　레오나르도 AI　　프롬 AI　　제미나이
　　　　　디자이너

서비스에 따라 무료로 만들 수 있는 이미지의 개수를 제한하는 경우도 있고 무료 서비스라도 언제든 유료로 변경될 수 있습니다. 기능 역시 언제든 달라질 수 있으므로 마음에 드는 서비스를 골라 번갈아 가며 사용하면 됩니다.

여기서 소개하는 생성형 AI는 텍스트를 입력해 이미지를 생성하는 기본 기능은 동일하지만 서비스마다 더 많은 사용자를 확보하기 위해 차별화에 힘쓰고 있어 기능을 자주 업데이트하고 있습니다. 그러므로 상세한 사용법보다는 각 서비스가 어떤 특징이 있는지를 중점적으로 소개하겠습니다.

서비스별 자세한 사용법이나 최신 업데이트 내용이 궁금하다면 오른쪽 QR코드로 연결되는 블로그에서 동영상을 시청해 주세요.

대화로 어려운 그림도 척척 그리는 만능 AI — 챗GPT

챗GPT(chatGPT)는 오픈AI에서 만든 가장 대표적인 AI 서비스입니다. 2025년 3월 말 업데이트로 사용자의 프롬프트를 이해하는 능력이 매우 좋아졌습니다. 거의 디자이너 수준이라고 해도 과언이 아닙니다.

챗GPT는 다른 이미지 생성 AI와 비교해서 프롬프트를 이해하는 능력이 월등히 뛰어납니다. 특히 이미지에 글자를 거의 틀리지 않게 적어 넣을 수 있어 간단한 만화나 카드 뉴스를 쉽게 만들 수 있습니다. 그렇지만 이미지에 글자를 너무 많이 넣으면 틀릴 확률이 높아져서 핵심 내용만 간단하게 적는 것이 좋습니다.

챗GPT(chatgpt.com)

이 기능은 누구나 쓸 수 있지만 상황에 따라 무료 사용자는 사용이 일시적으로 제한되거나 이미지 생성 시간이 오래 걸릴 수 있습니다.

디자인 도구들이 모두 모였다! — 마이크로소프트 디자이너

마이크로소프트 디자이너(Microsoft Designer)는 글로벌 IT 기업인 마이크로소프트에서 무료로 제공하는 이미지 생성 AI 서비스입니다. 다양한 시각 디자인 편집 도구를 제공하고 프롬프트를 작성할 때 참고할 만한 자료도 많습니다.

또한 다른 사용자가 만든 이미지의 프롬프트도 참고할 수 있다는 점이 마이크로소프트 디자이너의 장점입니다. 다른 사용자가 만든 이미지에서 **[이 프롬프트 편집]**을 누르면 어떤 프롬프트를 사용했는지 확인할 수 있으며 빈칸의 키워드만 바꿔서 나만의 이미지를 만들 수 있습니다.

이처럼 마이크로소프트 디자이너는 다른 사람이 작성한 프롬프트를 보면서 이미지를 만들 수 있으므로 초보자가 프롬프트 작성 연습을 하기에도 정말 좋은 서비스입니다.

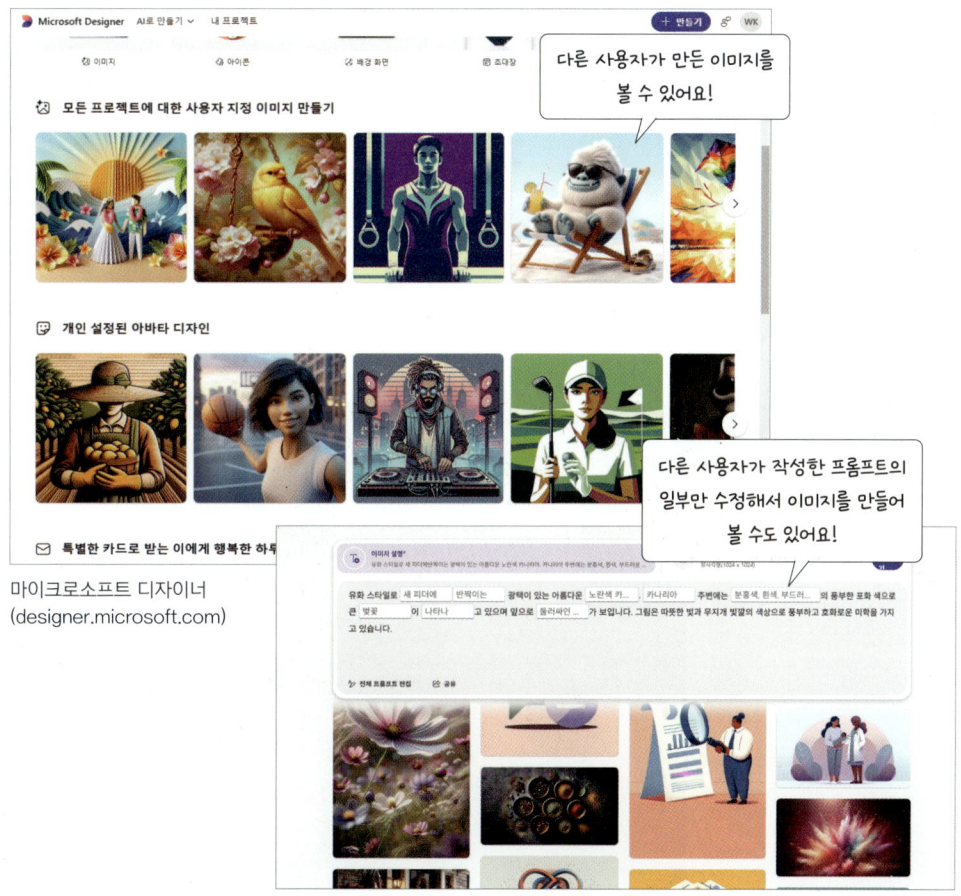

마이크로소프트 디자이너
(designer.microsoft.com)

부분만 골라 실시간으로 수정한다! — 크레아

크레아(Krea)는 유료 서비스지만 하루에 약 10회 사용량을 무료로 쓸 수 있습니다. 챗GPT처럼 프롬프트를 작성해 이미지를 생성하는 기본 기능뿐만 아니라 프롬프트를 입력하고 캔버스에 그림을 그린 후 실시간으로 수정하는 리얼타임(realtime) 기능을 제공합니다. 리얼타임 기능을 활용하면 프롬프트와 손 그림을 활용해 이미지를 실시간으로 수정하며 완성해 나갈 수 있는데요. 그리고 싶은 내용을 프롬프트에 대략 작성하고 글로 설명하기 어려운 부분은 캔버스에 손 그림으로 표현하고 수정하는 방식입니다.

또한 크레아는 프롬프트로 비디오를 생성하는 비디오 생성 기능, 애니메이션처럼 만들어 주는 애니메이터, 만든 이미지를 보완하는 화질 개선, 학습 등 다양한 기능도 있습니다.

단점이 있다면 프롬프트를 한글로 작성하면 크레아가 이해하지 못해서 영어로 프롬프트를 입력해야 한다는 점입니다. 사용할 때 이 점만 유의해 주세요.

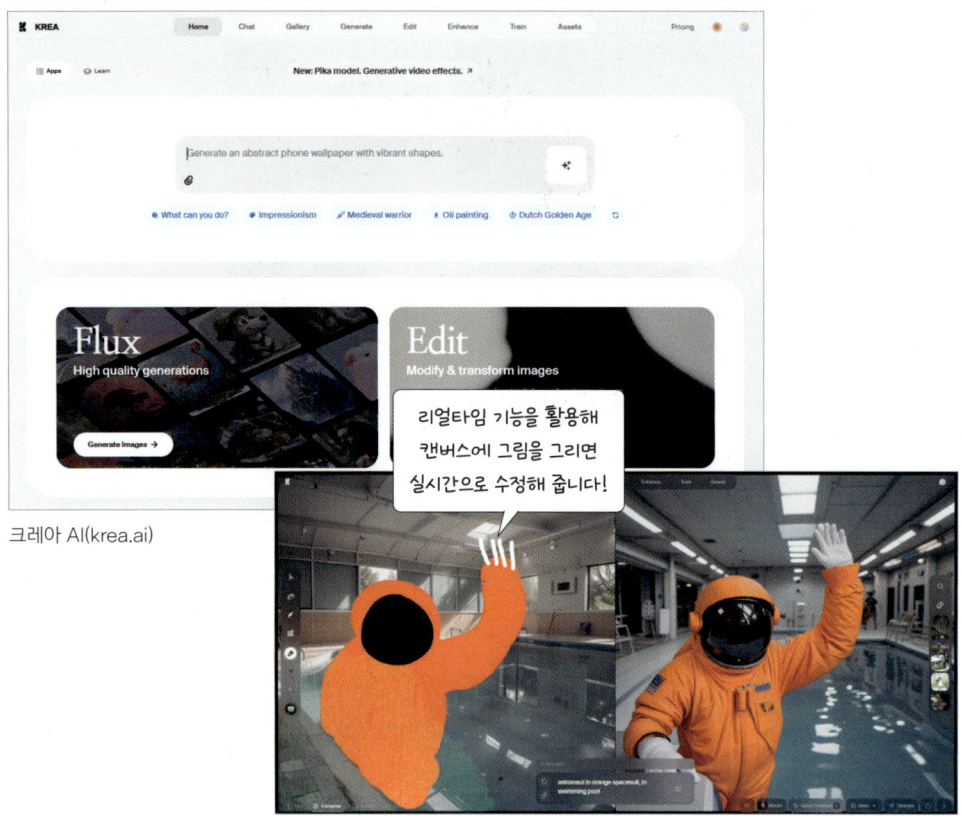

크레아 AI(krea.ai)

프롬프트를 알아서 보충해서 작성해 준다! — 이디오그램

이디오그램(Ideogram) 역시 유료 이미지 생성 AI 서비스이지만 이미지를 일주일에 40장까지 무료로 생성할 수 있습니다. 무료로 사용할 경우 이미지 생성 속도가 느리긴 하지만 이미지 품질은 괜찮습니다.

품질이 보장되는 이유는 **매직 프롬프트**(Magic Prompt) 기능과 관련이 있습니다. 매직 프롬프트는 이미지를 생성하기 전에 사용자가 입력한 프롬프트의 부족한 부분과 더 묘사해야 할 부분을 알아서 보충해 주는 기능인데요. 이렇게 이디오그램은 스스로 보완한 프롬프트를 사용해 이미지를 생성하므로 품질 좋은 이미지를 얻을 수 있습니다. 이디오그램에서는 수정된 프롬프트를 확인하여 공부할 수 있는 것도 장점입니다.

하지만 크레아와 마찬가지로 한글 프롬프트는 이해하지 못해 영어로 작성해야 합니다.

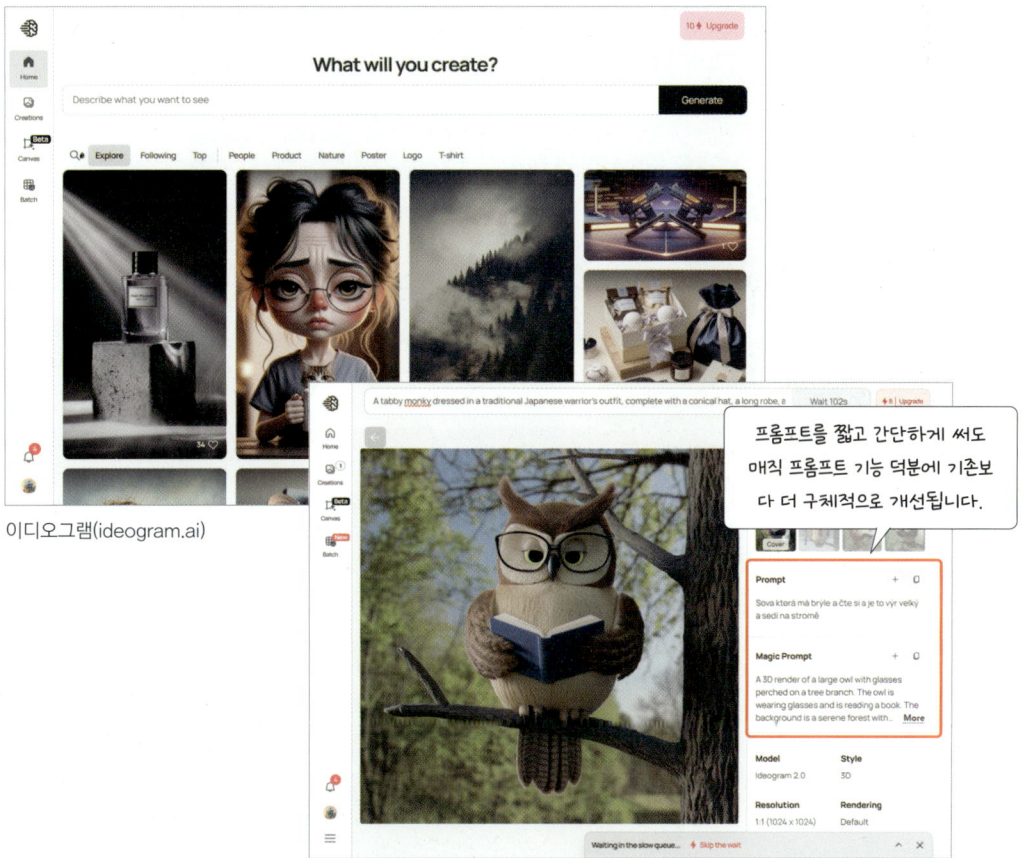

이디오그램(ideogram.ai)

프롬프트를 짧고 간단하게 써도 매직 프롬프트 기능 덕분에 기존보다 더 구체적으로 개선됩니다.

내가 그린 그림을 학습한다! — 레오나르도 AI

레오나르도 AI(Leonardo AI)는 다양한 이미지 생성, 편집 기능을 제공하는 서비스입니다. 해외에서 인기가 많으며 하루에 150개 크레딧을 사용할 수 있습니다.

이미지 생성 기능은 **클래식 모드**(classic mode)와 **플로 스테이트 모드**(flow state mode)가 있는데 초보자라면 화면 구성이 단순한 플로 스테이트 모드를 권장합니다.

레오나르도 AI는 기본 기능만 사용해도 충분하지만 그림 스타일을 학습시켜 그림을 그리는 나만의 AI를 만들 수 있습니다. 바로 **Models & Training**(finetuned model)을 사용하려면 유료 플랜을 구독해야 합니다. 단, 다른 사람의 작품을 가져와서 학습시키는 것은 저작권 문제가 있을 수 있으므로 지양하세요.

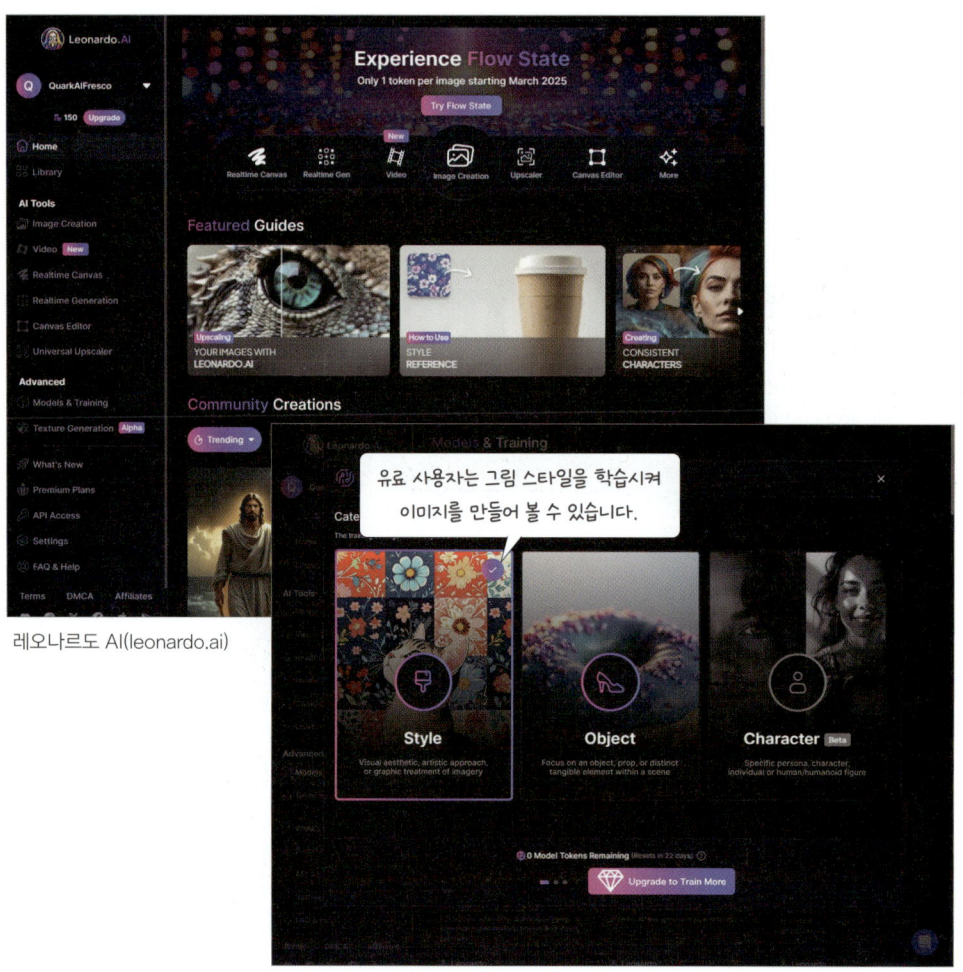

레오나르도 AI(leonardo.ai)

다양한 AI 이미지 기능 총집합! — 프롬 AI

프롬 AI(Prome AI)는 다양한 AI 이미지 생성, 편집 기능을 제공하는 서비스로 매월 10코인을 무료로 사용할 수 있습니다. 이미지를 1장 생성할 때마다 0.1코인이 소모되므로, 이미지를 한 달에 100장 생성할 수 있습니다.

기본적인 이미지 생성 기능 외에도 인페인팅, 아웃페인팅, 업스케일링 등 이미지 편집 기능뿐만 아니라 장면 분위기 전환, 가구, 인테리어, AI 모델 등 정말 다양한 기능이 있어 **초보자에게 유용한 이미지 생성 AI 서비스**입니다.

기능에 따라 소모되는 코인의 양이 다르지만, 그래도 매월 10코인 정도면 다양한 기능을 무료로 이용해 볼 수 있습니다.

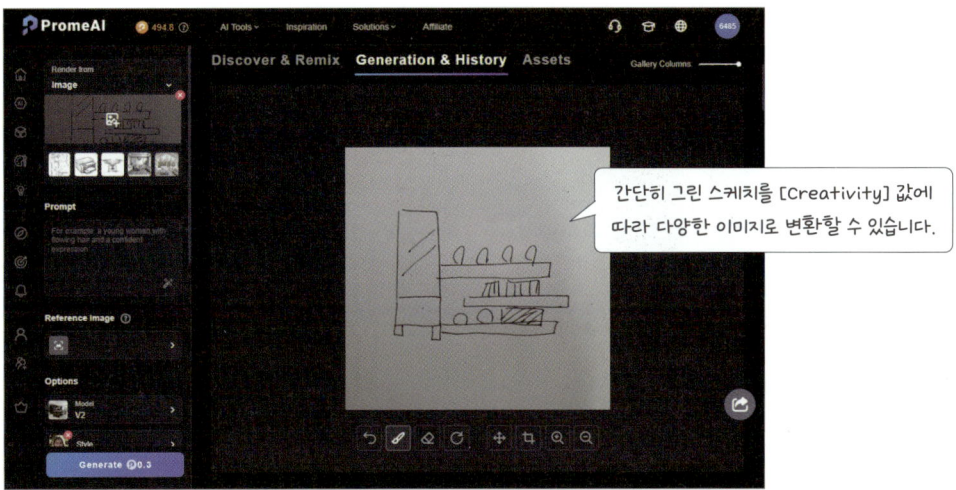

간단히 그린 스케치를 [Creativity] 값에 따라 다양한 이미지로 변환할 수 있습니다.

프롬 AI(promeai.pro)

프롬 AI로 스케치를 이미지로 바꾼 결과물

착한 가격, 정말 착한 기능! — 제미나이

제미나이(Gemini)는 챗GPT의 인터페이스처럼 대화 창 형식으로 서비스를 제공하는 이미지 생성 AI입니다. 사실 프롬프트를 입력하고 이미지를 생성하는 기본 기능을 무료로 이용할 수 있다는 점을 제외하면, 뚜렷한 장점이 별로 없습니다. 게다가 이미지 생성 속도도 꽤 느린 편입니다.

하지만 폭력, 허위 사실, 외설, 저작권/초상권 침해 등 우려할 만한 이미지는 정책적으로 잘 생성해 주지 않는 경향이 있으므로 제미나이에서 생성된 이미지는 불법 이미지를 엄격히 금지하는 블로그 등의 사이트에서 어느 정도 믿고 사용할 수 있습니다.

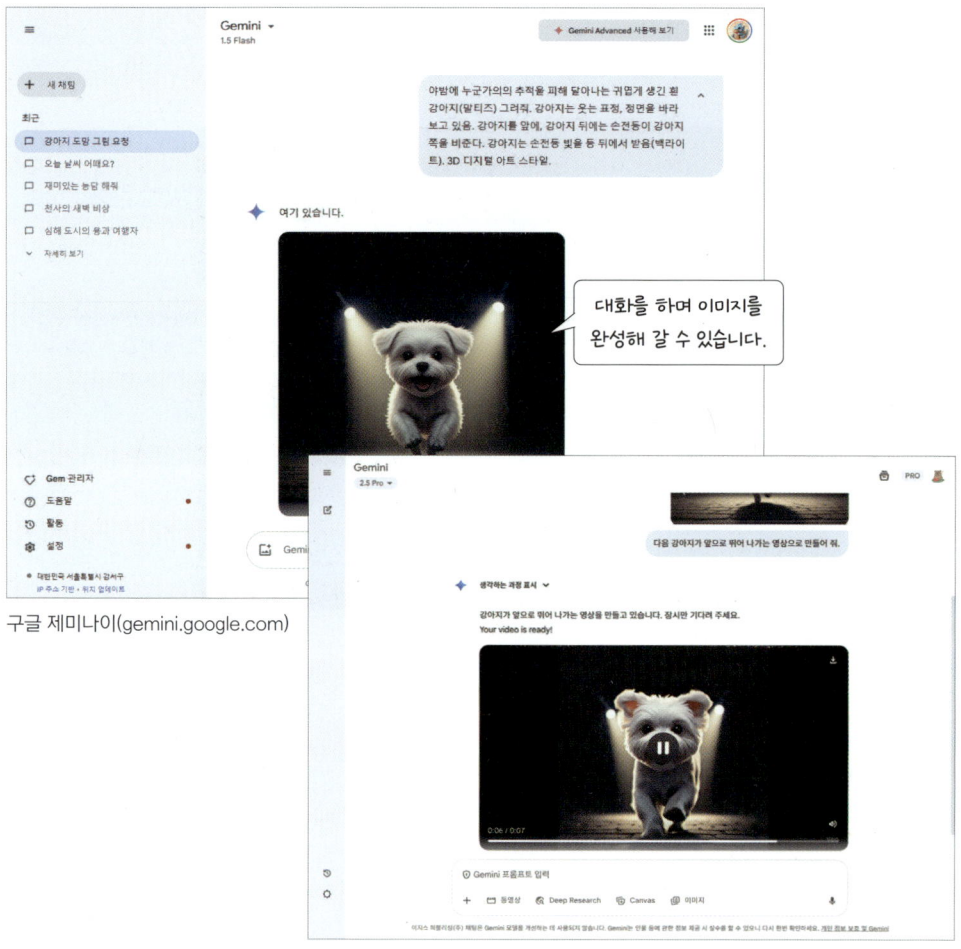

구글 제미나이(gemini.google.com)

7가지 이미지 생성 AI의 특징 정리

지금까지 살펴본 이미지 생성 AI 7가지 서비스의 특징을 정리해 보겠습니다. 서비스마다 무료로 제공하는 정도와 정책이 다르며 또한 언제 변경될지 모르니 사용할 때 유의해 주세요!

구분	설명
챗GPT	오픈 AI에서 만든 대표적인 생성형 AI 서비스입니다. 채팅으로 대화하며 이미지를 생성할 수 있습니다. 이미지 생성 AI 모델인 달리(DALL-E)가 챗GPT에 통합되었습니다.
마이크로소프트 디자이너	마이크로소프트에서 만든 서비스로 다양한 디자인 기능을 활용해 이미지를 만들 수 있습니다. 챗GPT와 같은 이미지 생성 AI 모델인 달리(DALL-E)로 그림을 생성합니다.
크레아	이미지를 생성하는 기본 기능 외에도 챗(대화 방식 이미지 생성), 리얼타임, 비디오, 애니메이터, 화질 개선, 학습, 그리고 다른 사람이 생성한 이미지나 영상을 확인할 수 있는 갤러리 기능을 제공합니다. 챗을 제외한 나머지 기능은 프롬프트를 영어로 입력해야 합니다.
이디오그램	사용자의 프롬프트를 알아서 다듬어 주는 매직 프롬프트(magic promft) 기능이 강점입니다. 단, 프롬프트는 영어로 입력해야 하며 무료로 사용할 경우 속도가 느립니다.
레오나르도 AI	이미지 생성 외에도 영상 생성, 실시간 생성, 파인 튜닝 등 다양한 특수 기능을 제공합니다. 초보자는 플로우 스테이트 모드(flow state mode) 사용을 추천합니다.
프롬 AI	이미지를 생성하는 것 외에 이미지 생성 AI 서비스 중 이미지 편집 기능이 가장 많습니다.
제미나이	구글에서 만든 생성형 AI로, 챗GPT와 동일하게 채팅으로 대화하며 이미지를 만들 수 있습니다. 구글의 이미지 생성 AI 모델인 이미젠(Imagen)이 만든 그림을 생성합니다.

◆ 02-4 ◆

더 넓은 AI 세계, 고수들의 도구 살펴보기

앞서 다양한 무료 이미지 생성 AI 도구들을 살펴봤습니다. 사실 이 책에서 배울 프롬프트 작성법과 무료 도구만으로도 여러분이 상상하는 이미지의 90%는 충분히 만들어낼 수 있습니다. 잘 만든 이미지의 핵심은 결국 '프롬프트'에 있기 때문이죠.

하지만 때로는 그 마지막 10%의 완성도가 아쉬울 때가 있습니다. 조금 더 전문적인 이미지를 만들어보고 싶거나, 또는 나만의 캐릭터를 일관성 있게 그리고 싶은 등의 순간이 찾아오죠.

이번 절에서는 바로 그런 고수의 영역으로 나아가고 싶을 때 필요한 **전문가용 유료 서비스**와 **워크플로**라는 새로운 세계를 가볍게 살펴보겠습니다. 지금 당장 이 모든 것을 이해할 필요는 없습니다. 프롬프트에 익숙해진 미래의 여러분에게 "아, 다음 단계는 저거구나!" 하는 유용한 참고 자료로 사용해 보세요.

10%의 완성도를 채우기 위한, 이미지 생성 AI 유료 서비스 추천

앞서 살펴봤던 이미지 생성 AI는 일정 부분 무료로 사용할 수 있습니다. 일정 사용량을 넘어가면 크레딧이 충전될 때까지 기다리거나 비용을 내서 크레딧을 보충해야 하죠.

사실 대다수의 사용자에게는 유료 버전을 사용할 만큼 사용량이 부족하거나 기능 사용에 제한이 있지는 않을 겁니다. 이 책에서 소개하는 프롬프트 작성법만 잘 따라 써도 충분히 내가 원하는 이미지를 만들 수 있기 때문이죠.

그러나 지금 여기서 소개할 미드저니와 노벨 AI는 무료 사용자를 위한 맛보기 크레딧이 따로 없이 오직 '유료 사용자'만 사용할 수 있는 도구입니다. 그만큼 퀄리티를 자신한다는 이야기겠지요.

이 책을 통해 프롬프트 작성에 충분히 익숙해진 후 다음 도구들을 사용해 보는 것을 추천합니다. 여기서는 가볍게 살펴만 보겠습니다.

압도적인 품질과 세밀한 제어 — 미드저니

미드저니(midjourney)는 유료 구독 요금제만 사용할 수 있는 이미지 생성 AI로 고품질 이미지 생성을 확실히 보장해 줍니다. 프롬프트를 이미지로 잘 표현해 주면서 다양한 옵션으로 세부적으로 지시할 수 있다는 점이 큰 장점입니다.

하지만 미드저니를 제대로 다루려면 프롬프트 작성뿐만 아니라 추가 명령어인 파라미터를 사용할 줄 알아야 합니다.

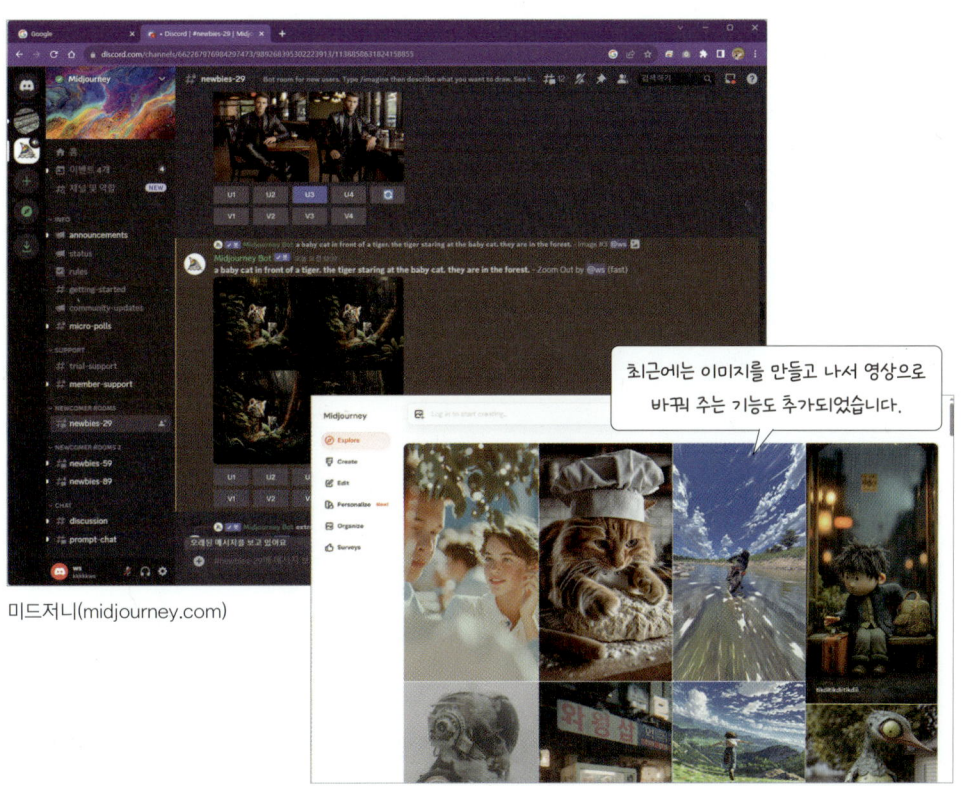

미드저니(midjourney.com)

> 최근에는 이미지를 만들고 나서 영상으로 바꿔 주는 기능도 추가되었습니다.

창작자를 위한 만화 그리기 AI — 노벨 AI

노벨 AI(Novel AI)는 만화나 웹 소설 등 콘텐츠 창작자에게 유용한 이미지 생성 AI 유료 서비스입니다. 특히 애니메이션 스타일의 캐릭터를 구현하는 데 특화되어 있습니다. 간단한 스케치 그림도 완성도 높은 그림으로 바꿔 주며, 무엇보다 동일한 캐릭터를 다양한 장면에서 일관성 있게 그려 내는 기능이 돋보입니다. 그래서 만화나 시리즈물을 제작할 때 노벨 AI가 매우 유용하죠.

또한 노벨 AI에는 **스토리텔링 텍스트 생성 기능**이 있습니다. 이를 활용해 소설 줄거리나 캐릭터 설정을 구체화하고 이미지 프롬프트 구상에 필요한 아이디어를 얻는 등 창작 과정 전반에 효과를 낼 수 있습니다.

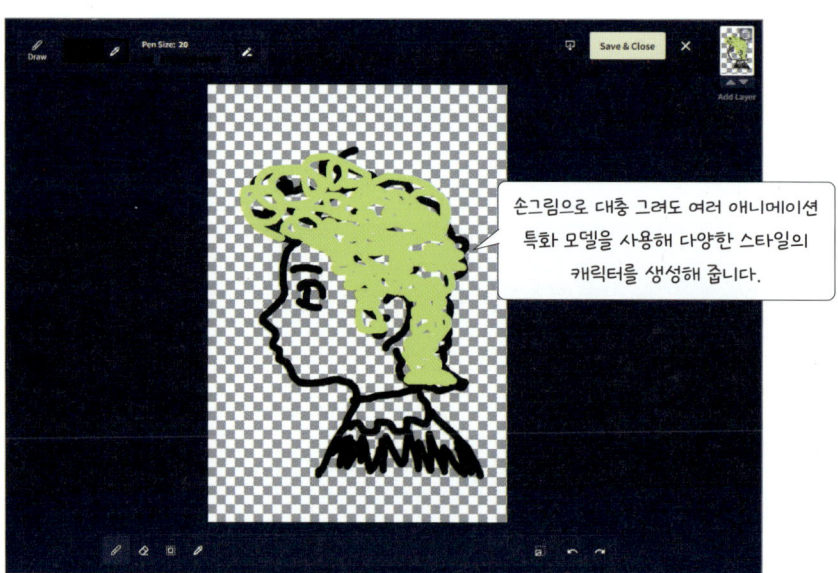

노벨 AI(novelai.net)

노벨 AI로 손그림을 그림으로 만든 결과물

디자인 전문가들이 사용하는 기술, 워크플로란?

디자이너, 일러스트레이터, 애니메이터 등 이미지를 다루는 전문 직업인은 일반인보다 더 섬세한 디자인 감각이 있으며 결과물에서 독창성을 추구합니다. 따라서 이들은 이미지 생성 AI 서비스를 레퍼런스, 콘셉트 아트, 시안 제작이나 아이디어를 구상할 때 주로 활용합니다.

전문가가 볼 때 이미지 생성 AI로 만든 이미지를 상업용으로 활용할 만한 퀄리티에 미치지 못한다고 느끼는 것이지요. 그러므로 이미지 전문가들은 생성형 AI가 만든 이미지를 참고용으로 사용하고 처음부터 끝까지 자신의 손으로 이미지를 만들거나 AI로 이미지를 생성하더라도 포토샵, 일러스트레이터 등 전문 편집 도구를 활용해 후처리하여 품질을 높이는 방식으로 작업합니다.

하지만 최근에는 이러한 전문가를 대신해서 AI가 생성한 이미지의 부족함마저 채울 수 있는 **워크플로**(workflow)라는 기술이 등장했습니다. 워크플로란 텍스트 투 이미지 기능을 비롯해 02-2절에서 소개한 이미지 생성 AI 기술뿐 아니라 더 많은 기술을 사용해서 단계별로 자유롭게 연결하는 방식으로 이미지 생성 과정을 설계하는 프로그램입니다.

전문가는 자신만의 이미지 처리 노하우가 있는데 이를 워크플로로 자동화할 수 있으므로 자신만의 독창성이 담긴 차별화된 이미지를 더 빠르게 작업할 수 있는 거죠.

이미지를 차례대로 처리하는 과정을 설계하는 도구 — 컴피 UI

대표적인 워크플로 프로그램으로 **컴피 UI**(ComfyUI) 서비스를 소개합니다. 컴피 UI를 이용하면 기능을 화살표로 연결해서 이미지를 차례대로 처리하는 과정을 설계해 나갈 수 있습니다.

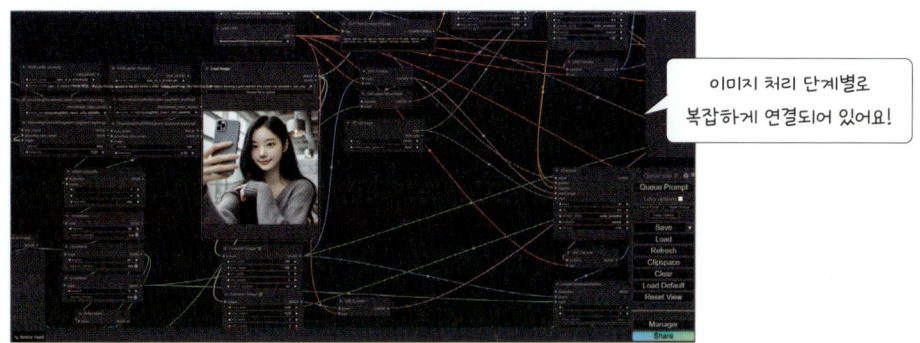

이미지 처리 단계별로 복잡하게 연결되어 있어요!

하지만 컴피 UI를 활용한 워크플로를 제대로 사용하기 위해선 이미지 편집에 관한 전문 지식과 다양한 이미지 처리 기술을 조합해야 하므로 이미지 생성 AI의 이론을 어느 정도 이해하고 컴퓨터 비전과 같은 지식까지도 갖춰야 합니다.

또한 컴피 UI는 컴퓨터에 설치해 사용하는 프로그램이고 이미지를 처리할 때 방대한 리소스가 필요해서 영상 편집용 컴퓨터 이상의 고사양 그래픽카드를 준비해야 이미지를 빠르게 생성할 수 있습니다.

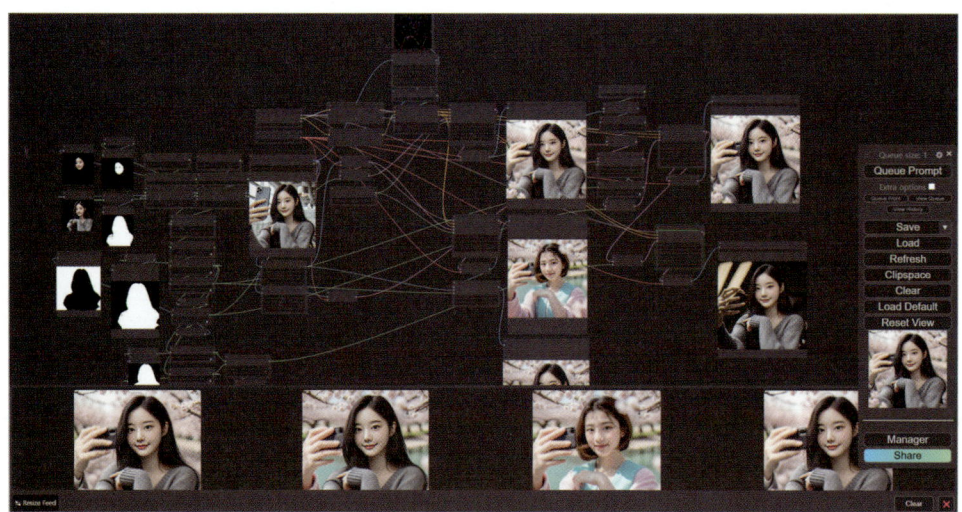

원본 이미지에서 자세 분석, 얼굴 신체 인식 등 여러 과정을 거쳐 새로운 이미지를 생성하는 컴피 UI의 모습

원본

컴피 UI로 의상과 헤어스타일 변경한 이미지

컴피 UI로 배경을 변경한 이미지

가볍게 써볼 수 있는 워크플로 – 노르디

만약 컴피 UI를 설치할 수 있는 고사양 컴퓨터가 없다면 **노르디**(nordy)라는 웹 서비스를 추천합니다. 유료 서비스이긴 하지만, 노르디가 제공하는 고성능 서버를 이용하는 방식이므로, 고사양 컴퓨터 장비를 구하기 위한 큰 비용 부담이 없어서 좋습니다. 또한 노르디에서는 다른 사람들이 미리 만들어 놓은 수많은 워크플로를 가져다 쓸 수 있어서 전문가의 노하우에 따라 편집된 이미지를 얻을 수 있습니다.

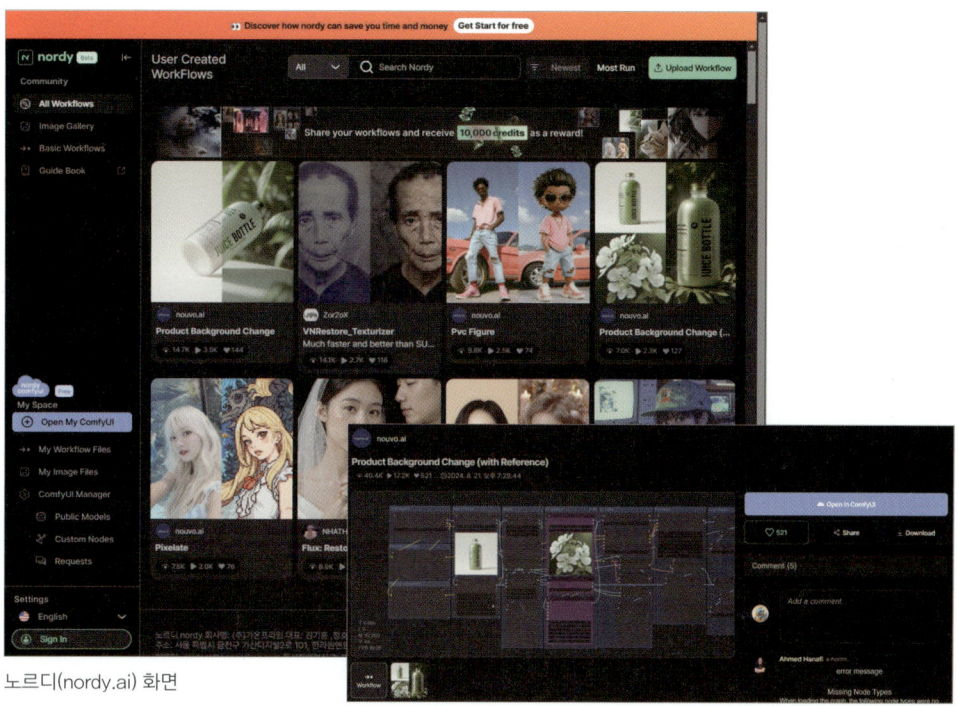

노르디(nordy.ai) 화면

AI 활용 능력은 점점 더 중요해질 거예요!

이미지 생성 AI가 등장하면서 디자이너, 일러스트레이터, 사진작가 등 이미지를 다루는 직업이 곧 사라질 것으로 예측하는 사람이 많습니다. 하지만 현실은 그렇지 않습니다. 역사적으로 새로운 기술이 등장할 때마다 기존 직업이 완전히 사라지기보다는 그 일하는 방식이 바뀌어 왔습니다. 디지털카메라가 나왔을 때도 사진작가라는 직업이 사라지지 않았듯, AI 시대에도 창작자의 역할은 여전히 중요합니다.

오히려 AI를 제대로 활용하는 사람들은 업무 효율성을 크게 높일 수 있습니다. 이미지 생성 AI에서 명령어를 정확하게 작성해 초기 아이디어를 **빠르게** 얻고 작업 과정을 통해 그 아이디어를 더욱 구체적으로 다듬어 나가며 반복적인 작업 과정을 자동화하는 방법 등을 통해 시간을 절약할 수 있습니다.

무엇보다 이미지 생성 AI를 활용하면 과거에는 시간과 비용, 기술적 한계로 인해 수작업에 의존할 수밖에 없었던 영역에서 벗어나 창작의 범위를 넓힐 수 있습니다. 예를 들어 한 명의 디자이너가 하루에 만들 수 있는 시안의 개수가 10배, 20배로 늘어나면서 더 다양한 프로젝트에 참여하고 새로운 기회를 만들어갈 수 있게 됩니다.

결국 이미지를 다루는 일은 이제 **AI 활용 능력이 필수인 직업군으로 변화**하고 있습니다. AI를 거부하는 것이 아니라 적극적으로 받아들이고 활용하는 사람들이 미래의 경쟁력을 갖추게 될 것으로 예상합니다.

원하는 이미지를 뽑는 프롬프트 작성 가이드

03장에서는 체크리스트를 활용해서 프롬프트를 손쉽게 만드는 방법을 다룹니다. 체크리스트에 적혀 있는 요소를 생각하면서 키워드를 나열하기만 해도 프롬프트가 되죠. 체크리스트에 항목을 다 채워 넣을 필요도 없습니다. 중요한 몇 가지 키워드만 생각해도 우리 머릿속의 이미지와 비슷한 장면으로 표현되는 것을 경험할 수 있을 것입니다. 누구나 이미지 생성 AI를 잘 쓸 수 있는 잠재 능력이 있습니다. 이 능력을 깨워 화가로 변신할 수 있는 프롬프트 작성법을 소개합니다!

03-1 이미지 생성 AI 사용자를 위한 기본 상식
03-2 프롬프트를 구체적으로 작성해야 하는 이유
03-3 이미지의 본질을 담은 프롬프트 작성법

03-1
이미지 생성 AI 사용자를 위한 기본 상식

우리는 보통 AI라고 하면 어떤 일이든 똑똑하게 알아서 다 잘 해줄 것으로 오해합니다. 하지만 아무리 방대한 양의 데이터를 학습한 AI도 우리의 생각과 의도를 주체적으로 알려 주지 않으면 알 수 없고 때로는 실수하기도 합니다. 사람이 저마다 자기가 알고 있는 내용에서만 답변하듯, AI도 학습한 범위에서만 답변할 수 있으므로 분명한 한계가 있습니다. 이러한 한계를 알고 적절한 명령을 내릴 때 우리는 AI의 도움을 받아 멋진 결과물을 얻을 수 있습니다.

프롬프트, 상세할수록 결과는 정확해진다

이미지 생성 AI는 프롬프트에서 언급하지 않은 부분을 마음대로 생성합니다. 따라서 생각한 대로 이미지를 그려 내고 싶다면 이미지와 관련된 키워드를 많이 알아 두었다가 필요할 때마다 골라 프롬프트를 구체적으로 작성하는 것이 좋습니다. 생성한 이미지 결과물을 보고 미처 생각하지 못한 부분이 있다면 프롬프트에 보충해서 작성해 나가는 것도 도움이 됩니다.

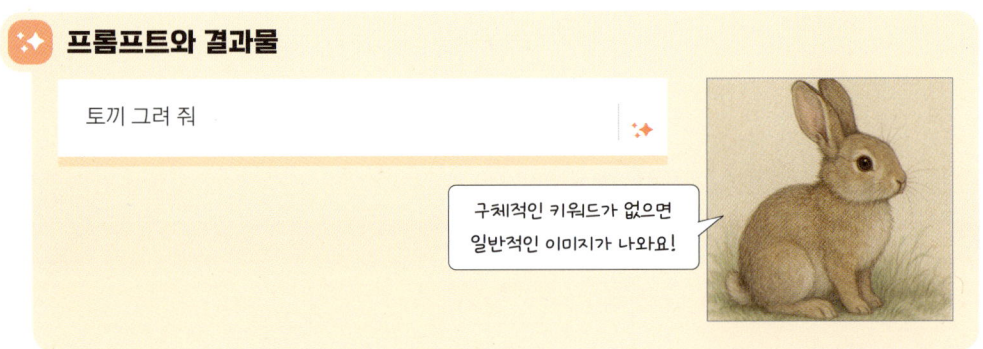

✦ 프롬프트와 결과물

토끼 그려 줘

구체적인 키워드가 없으면 일반적인 이미지가 나와요!

✦ 프롬프트와 결과물

팝 아트 스타일로 그린 카리스마 있는 인상의 근육질 토끼를 아래서 위로 올려다 본 모습을 그려 줘

구체적인 키워드를 추가하면 내가 원하는 이미지가 나와요!

한글 프롬프트 결과가 아쉽다면? 영어로 시도해 보세요

이미지 생성 AI마다 지원하는 언어가 다를 수 있습니다. 그래서 한글을 지원하지 않는다면 AI가 이미지를 만들어 내지 못할 수도 있고, 엉뚱한 이미지를 보여 주기도 합니다. 그렇지만 대부분의 **이미지 생성 AI는 영어 프롬프트만큼은 기본으로 지원**합니다. 그래서 한글 프롬프트를 입력했을 때 이미지를 생성하지 못하거나 엉뚱한 이미지가 나온다면 프롬프트를 영어로 바꿔 써보세요. '파파고'와 같은 번역 서비스를 활용하면 프롬프트를 간단히 번역할 수 있습니다.

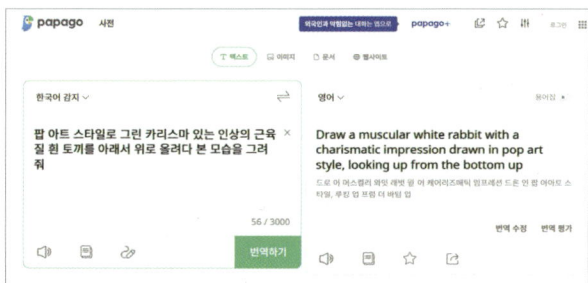

파파고에서 프롬프트를 영어로 번역하는 모습

✦ 프롬프트와 결과물

Draw a muscular white rabbit with a charismatic impression drawn in pop art style, looking up from the bottom up

같은 프롬프트, 다른 결과? AI 모델의 한계 이해하기

프롬프트를 완벽하게 작성하더라도 모든 내용이 이미지에 반영되지 않을 수 있고, 어떤 서비스는 프롬프트에 입력할 수 있는 글자 수에 제한이 있어서, 정해진 글자 수 내에서 어떤 것을 그리고 싶은지 설명을 해야 할 때도 있습니다.

또한 프롬프트를 사용하더라도 이미지를 생성할 때마다 생김새가 다르게 나타나는 경우도 있습니다. AI가 이미지를 한 번에 만들어 내지 못하더라도 실망하거나 포기하지 말고 프롬프트의 구성을 이리저리 바꿔 보며 여러 번 시도해 보세요.

다음 이미지를 볼까요? 프롬프트대로라면 이미지 속 이젤 위 캔버스에 무조건 태양이 등장해야 하는데, 세 번째 결과물을 제외하고는 제대로 표현되지 않았습니다. 이것이 바로 AI 모델의 한계라고 할 수 있죠. '프롬프트를 자세히 작성하면 생각한 이미지를 그려 낼 확률이 높아진다!'라는 개념으로 받아들이는 것이 좋습니다.

> ✨ **프롬프트와 결과물**
>
> 챗GPT와 이미지 생성 AI, 챗GPT는 가만히 서서 이미지 생성 AI에게 그림을 그려 달라고 말하며 지켜본다. 챗GPT 머리 위에는 말풍선이 있고, 말풍선에는 그림(빈센트 반 고흐 화풍의 태양 그림)이 그려져 있다. 로봇(이미지 생성 AI)은 챗GPT가 말하는 내용(빈센트 반 고흐 화풍의 태양 그림)을 이젤 위 캔버스에 붓을 들고 열심히 그림을 그린다. 캔버스 위 그림은 빈센트 반 고흐 화풍의 태양. 아이소메트릭, 클레이아트.

AI가 이미지를 정확하게 생성해 낼 수 있도록 하려면 결과물이 한 번에 나올 것으로 기대하지 않는 게 좋습니다. 작성한 프롬프트에서 이미지 생성 AI가 어떤 부분을 자꾸 놓치는지 생성된 이미지를 보면서 확인하고 빠진 내용을 보충해야 합니다. 이런 방식으로 이미지를 다시 생성해 보면서 완성도를 올리는 것이 좋습니다.

AI 이미지 생성, 책임감 있게 사용하는 것이 중요해요

AI를 사용하면 기존 작품의 스타일을 모방한 이미지를 손쉽게 만들어 낼 수 있습니다. 하지만 그 결과물을 상업적으로 이용하거나 상표, 저작권을 침해해서는 안 됩니다. 또한 범죄나 폭력 등 다른 사람에게 피해를 줄 수 있는 유해 콘텐츠를 생성해서도 안 됩니다.

저작권이 만료된 이미지는 모방해도 법적으로 문제 되지 않으니 모방하고 싶은 이미지가 있다면 저작권 만료 여부를 꼼꼼히 살펴보세요. 구글의 이미지 검색 기능 등을 사용해서 내가 만든 이미지가 다른 이미지를 그대로 베낀 것은 아닌지 확인하는 작업을 하는 것도 좋습니다.

또한 저작권 침해 가능성을 충분히 확인했더라도 우리가 인지하지 못한 부분에서 AI가 저작권을 침해할 가능성이 있습니다. 그래서 AI가 생성한 이미지를 공개적인 곳에 사용할 때는 "이 이미지는 인공지능을 사용하여 생성했습니다"와 같은 문구를 넣어 저작권을 침해할 의도가 없었다는 것을 충분히 표현해야 합니다.

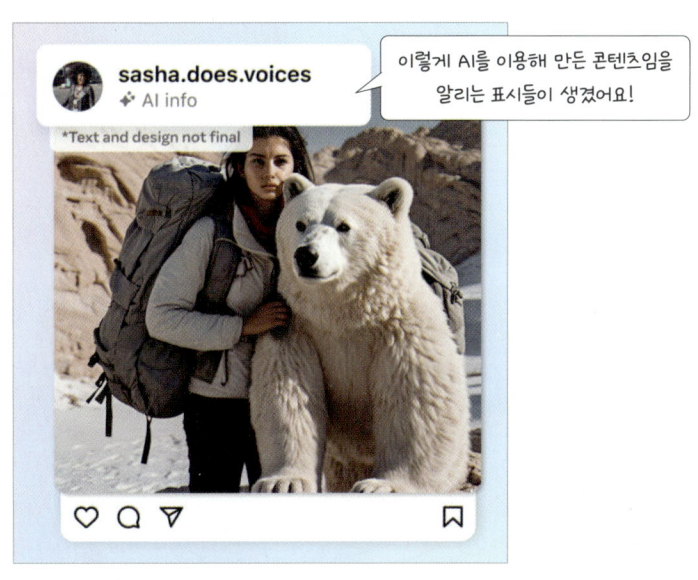

03-2
프롬프트를 구체적으로 작성해야 하는 이유

03-1절에서 소개한 이미지 생성 AI 사용자를 위한 기본 상식 가운데 이미지를 만드는 데 가장 공을 많이 들여야 하는 부분은 **프롬프트를 최대한 구체적으로 작성**하는 것입니다. 이미지 생성 AI는 프롬프트를 구체적으로 작성할 때 우리의 생각과 가장 비슷한 그림을 그려 주기 때문이죠. 그리고 프롬프트에 명령하지 않은 내용은 AI가 마음대로 그려 버리기 때문에 버린다는 특성을 잘 알고 있어야 합니다. 다음 사례를 한번 살펴볼까요?

아니, 처음부터 그렇게 말씀해 주시지…

프롬프트 작성법이 아직 익숙하지 않은 사용자가 이미지 생성 AI와 함께 머릿속 장면을 재현해 가는 과정입니다. 이미지를 어떻게 완성해 나가는지 한번 볼까요?

사용자:
얼룩무늬를 가진 토끼 그려 줘.

AI:

사용자:
(아… 내가 생각하는 무늬랑 색상이 아닌데…)
얼룩무늬를 가진 토끼 그려 줘.

AI:

사용자:
(내가 생각하는 얼룩무늬는 얼룩말 무늬란 말이야!)
얼룩말 같은 얼룩무늬를 가진 토끼 그려 줘.

AI:

사용자:
(방금까지 사진처럼 잘 그리다가
갑자기 왜 이상한 그림을 그리는거야!)
얼룩말 같은 얼룩무늬를 가진 토끼 그려 줘.
+ 고화질 사진

AI:

사용자:
(그래! 이제 좀 내가 원하는대로 그림이 나오는군!
무늬 색상만 분홍색이면 돼!)
얼룩말 같은 얼룩무늬를 가진 토끼 그려 줘.
+ 줄무늬 색상은 분홍색
+ 고화질 사진

AI:

이 대화를 통해 사용자의 머릿속에선 분홍색 얼룩무늬 토끼를 생각했던 것임을 알 수 있었습니다.

이 대화 내용을 보면서 어떤 생각을 했나요? AI도 '처음부터 구체적으로 분홍색 얼룩무늬 토끼를 그려 달라고 하지. 답답하네.'라고 생각했을 거예요. 상대방이 말하지 않는 한 그 사람의 생각을 알 수 없듯 이미지 생성 AI도 마찬가지입니다. AI에게 처음부터 구체적으로 알려 줬다면 이렇게 여러 번 씨름할 필요 없이 분홍색 얼룩무늬 토끼 이미지를 만들어 줬을 것입니다.

이처럼 장면에 담을 내용을 프롬프트에 구체적인 단어로 표현해야 원하는 이미지를 효과적으로 만들어 낼 수 있다는 것을 이젠 알았죠? 이렇게 **이미지의 핵심 요소(대상, 특징, 스타일, 색상 등)**를 명확히 작성한다면 훨씬 효율적으로 만족스러운 결과를 얻을 수 있습니다.

구체적으로 작성한 프롬프트는 어떤 AI에서도 통한다!

구체적으로 작성한 프롬프트는 어떤 이미지 생성 AI 서비스를 사용하더라도 알맞은 결과물을 얻는 데 큰 도움이 됩니다. 마치 능숙한 요리사가 어떤 조리 도구를 사용해도 맛있는 음식을 만들어 내는 것처럼 말이죠.

여기서는 이미지를 구성하는 **중심 요소, 공간, 시간, 상황, 매체 유형, 표현 기법, 조명, 색상, 원근, 배치, 각도**를 고려해서 만든 프롬프트를 다양한 이미지 생성 AI에 적용해 본 결과를 소개합니다. 프롬프트를 이렇게 구성하는 이유는 03-3절에서 자세히 살펴보고, 일단 여기에서는 프롬프트를 이런 방식으로 작성하면 어떤 이미지 생성 AI를 사용하더라도 **일관된 결과물**을 만들어 낸다는 것을 함께 확인해 볼게요.

뒤에 결과물들은 02-3절에서 소개했던 이미지 생성 AI 서비스를 활용해서 만든 것입니다. "정말 이 책에 나온 프롬프트를 쓰면 이미지가 똑같이 나올까?"라는 호기심이 생긴다면 여기에서 소개하는 프롬프트를 여러분이 사용하는 이미지 생성 AI에서 써보세요.

인물 광고 사진

인물 광고 사진에서 가장 중요하게 생각해야 할 점은 인물 묘사와 구도입니다. 다음 프롬프트를 참고해 보세요. 인물에 관한 자세한 묘사 방법 및 키워드는 04-1절에서 자세히 다룹니다.

중심 요소	20대 후반, 깨끗한 피부, 직모 포니테일 헤어, 부드러운 미소, 한 손은 얼굴 옆에 한 우아한 느낌의 동양인 여성 모델, 화장품 병(세럼)
상황	화장품 광고 촬영
공간	고급 화장품 스튜디오
시간	낮 시간
조명	부드럽게 확산된 자연광, 사이드 라이트
색상	따뜻한 톤, 골드, 로즈, 아이보리 계열
매체 유형	고해상도 상업 사진. 인쇄 및 디지털 광고
표현 기법	리얼리즘
원근	얕은 심도, 제품과 얼굴에 초점, 배경은 흐림
배치	얼굴과 제품을 황금비에 따라 배치
각도	3/4측면, 시선은 카메라, 눈높이 앵글

마이크로소프트 디자이너

이디오그램

크레아

레오나르도 AI

제미나이

프롬 AI

제품 디자인

제품 디자인에서는 매체 유형과 공간이 가장 중요합니다. 제품이 강조될 수 있는 배경을 꼭 설정해 보세요. 또한 제품이 어색하지 않도록 그림자를 설정하는 것도 중요합니다.

중심 요소 2~5세 유아를 위한 동물 모양의 감각 놀이 블록 장난감 세트. 곰, 양, 코끼리, 거북이 모양 패브릭 블록. 삑삑이, 천 등 감각 요소 포함

매체 유형 하이엔드 상업 사진 또는 사실적 3D 렌더링 스타일   **공간** 깨끗한 백색 스튜디오

조명 부드럽고 따뜻한 그림자가 생기도록 소프트박스 조명 세팅

색상 전체 배경은 완전히 흰색, 장난감 아래에 자연스러운 그림자만 존재. 색상은 파스텔 민트, 하늘색, 아이보리, 따뜻한 골드 계열 중심

마이크로소프트 디자이너

이디오그램

크레아

레오나르도 AI

제미나이

프롬 AI

인테리어

인테리어에 관한 이미지는 조명과 원근감을 잘 조정해야 합니다. 조명에 관한 키워드는 05-3절에서 자세히 다룹니다.

중심 요소 오픈형 구조의 모던한 거실, 소파/테이블/TV장/실내 식물로 공간 구성

상황 일상적인 가정의 거실 분위기   **시간** 낮 시간대   **조명** 자연광 사용

매체 유형 인테리어 디자인 시안(건축/인테리어 제안서용)   **표현 기법** 포토리얼리스틱, 고해상도

색상 따뜻한 화이트, 밝은 그레이, 오크우드 브라운, 녹색 식물

원근 깔끔하고 균형 잡힌 구성으로 실내 전체를 균형 있게 보여줌

각도 와이드 앵글, 사람 눈높이, 방 모서리에서 찍은 듯한 구도

마이크로소프트 디자이너

이디오그램

크레아

레오나르도 AI

제미나이

프롬 AI

2D 픽셀 캐릭터 디자인

2D 픽셀 캐릭터 디자인에는 매체 유형, 표현 기법을 명확하게 써줘야 합니다. 그림을 그릴 때 필요한 표현 기법에 관한 키워드는 05-1절에서 자세히 다룹니다.

중심 요소 여운 동물 캐릭터(통통한 갈색 곰), 둥글고 귀여운 외형, 짧은 팔다리, 앞을 보고 미소, 두 볼에 홍조.

매체 유형 픽셀 아트, 캐릭터 소개 용도 2D 게임, 도트 스티커, 캐릭터 디자인

표현 기법 2x32 크기, 심플 스타일

색상 심플한 단색 배경화면에 플랫 라이트, 그림자 없음. 따뜻한 브라운, 크림, 핑크, 베이지

배치 정중앙 배치   **각도** 정면

마이크로소프트 디자이너

이디오그램

크레아

레오나르도 AI

제미나이

프롬 AI

판타지: 얼음과 불이 싸운다면?

판타지풍 이미지를 만들고 싶다면, 풍경 묘사를 잘 해보세요. 풍경 묘사에 관한 자세한 설명은 04-4절에서 다룹니다.

- **중심 요소** 빙하 동굴에서 칼을 들고 있는 불의 전사, 반대편엔 얼음의 전사
- **공간** 빙하와 용암이 반으로 나뉜 대결의 장 **시간** 해가 떠오르는 새벽
- **상황** 두 전사가 결투를 준비하는 긴장된 순간 **매체 유형** 초현실주의 일러스트
- **표현 기법** 강렬한 텍스처와 색상 대비 **색상** 차가운 블루와 뜨거운 오렌지 색상
- **조명** 빛나는 용암의 붉은빛과 빙하의 푸른빛이 대비를 이룸
- **원근** 두 전사는 중간 거리, 배경엔 거대한 폭포 **각도** 대각선으로 내려다보는 시점
- **배치** 전사들이 서로 마주 보는 구조, 양옆에 얼음과 불의 요소

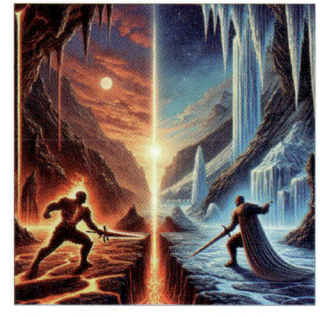
마이크로소프트 디자이너

이디오그램

크레아

레오나르도 AI

제미나이

프롬 AI

이렇게 구체적인 프롬프트로 이미지 생성 AI에게 명확히 지시할 때 비로소 결과물을 제대로 얻을 수 있습니다. 프롬프트에 언급되지 않은 부분은 AI가 마음대로 그려버리기 때문에 이미지에 꼭 표현되어야 하는 내용은 콕 집어서 작성해서 AI가 마음대로 그려버릴 여지를 없애 버리는 것이죠.

다음 절에서는 이미지란 어떤 것인지 더 자세히 알아보고 이미지의 본질을 고려해 프롬프트를 구체적으로 작성할 수 있게 도와주는 체크리스트를 소개하겠습니다. 이 체크리스트를 활용해 프롬프트를 작성하기만 해도 손쉽게 멋진 이미지를 만들 수 있습니다.

03-3

이미지의 본질을 담은 프롬프트 작성법

우리가 머릿속의 생각과 최대한 가깝게 표현한 이미지를 생성하려면 프롬프트를 구체적으로 작성해야 한다는 것을 다양한 예시로 살펴봤습니다. 이 예시들은 모두 이미지를 구성하는 **중심 요소, 공간, 시간, 상황, 매체 유형, 표현 기법, 조명, 색상, 원근, 배치, 각도** 등을 고려해서 만든 프롬프트죠. 이러한 구성 요소는 이미지 생성 AI를 활용해서 프롬프트를 작성할 때 체크리스트 항목으로 사용할 수 있습니다. 이번 절에서는 프롬프트를 작성할 때 이렇게 이미지를 구성하는 다양한 요소를 고려해야 하는 이유를 알아보겠습니다.

그런데 프롬프트를 작성하는 원리를 이해하려면 먼저 **이미지란 무엇인지** 한 번쯤 깊이 생각해 봐야 합니다. 이미지의 본질을 이해하면 이제 여러분도 이미지 생성 AI용 프롬프트를 능숙하게 작성해 낼 수 있을 거예요.

이미지란 무엇일까?

이미지는 우리 머릿속에 있는 생각이나 장면을 표현하는 수단입니다. 다른 사람에게 전하고 싶은 **감정이나 생각, 의도, 정보 등을 머리 바깥으로 꺼내 시각적으로 표현한 결과물**이 이미지죠.

그러므로 머릿속 생각을 이미지로 표현할 때는 먼저 무엇을 그릴지 대상을 정하고 다음으로 그 대상을 잘 나타낼 수 있는 시각적 표현 방식을 결정하는 순서로 진행됩니다.

이미지의 핵심은 '중심 요소'에 있다!

이미지를 만드는 과정을 좀 더 구체적으로 알아볼까요? 아무 이유 없이 끄적거리는 게 아니라면 이미지를 만들 때는 어떤 목적이 있을 것입니다. "포스터 그리기 대회에서 상을 탈 거야", "내 개성을 잘 나타내는 메신저용 프로필 사진을 만들 거야", "사람들을 웃게 만드는 만화를 그려야지"와 같은 예를 들 수 있지요. 그다음 이러한 목적에 맞게 이미지에 등장할 요소를 결정합니다.

여기서부터는 따로 정해진 순서가 없습니다. 그렇지만 저는 목적을 가장 잘 나타내는 **중심 요소**를 먼저 떠올리는 편입니다. 그러고 나서 조금 부족하다 싶으면 중심 요소를 강조하는 장치로 다양한 주변 요소를 추가해 가면서 이미지에 주제, 메시지, 의도를 담습니다.

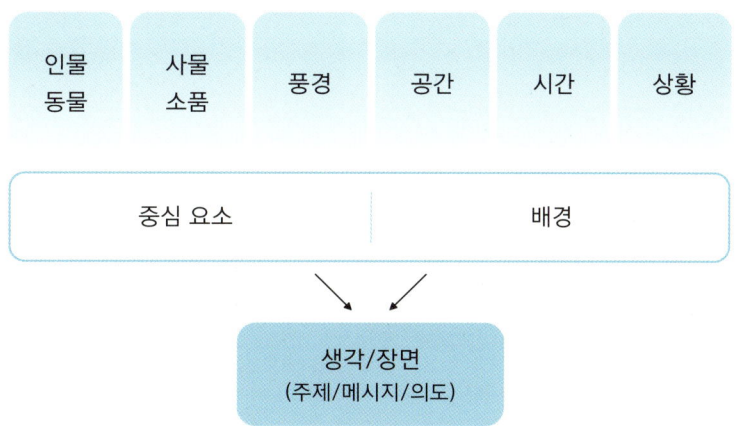

이처럼 자신의 생각을 이미지로 표현하는 방식은 작업자의 선호도에 따라, 또는 목적에 따라 다릅니다. 그러므로 화면에 무엇을 어떻게 담을지, 그리고 그것을 구상해 나가는 과정은 전적으로 작업자의 생각에 달려 있습니다. 저는 **중심 요소를 구체적으로** 꾸미는 것을 선호합니다. 그럼에도 표현이 부족하다고 느끼면 중심 요소를 강조할 수 있는 **배경을 추가**하는 편입니다.

캐릭터 디자인을 예로 들어 중심 요소에 배경을 추가하는 과정을 보여 드리겠습니다. 나를 표현하는 캐릭터를 디자인하고 싶다면 인물이 중심 요소입니다. 인물의 내면을 좀 더 강조하고 싶다면 외모, 액세서리, 소품 등을 활용해서 특징을 자세히 묘사해야 합니다.

다른 사람의 시선이 집중될 수 있도록 배경을 스튜디오처럼 하얗거나 어둡게 단색으로 표현하면 좋습니다. 만약 에너지 넘치는 모습으로 나타내고 싶다면 헤어스타일에 좀 더 신경 쓰고 주황색 배경을 추가로 넣을 수도 있습니다.

편안한 인상의 30대 한국 남성을 표현하고 싶었습니다. 그러나 왠지 모르게 피곤해 보이네요.

인물의 내면에 넘치는 에너지를 강조하기 위해, 머리는 꼿꼿이 세우고 배경은 주황색으로 표현했습니다.

같은 인물과 복장이지만 몇 가지 디테일을 수정하여 분위기를 색다르게 바꿔 볼 수 있습니다.

또 다른 예시를 살펴보겠습니다. 중심 요소는 인물뿐 아니라 동물, 풍경도 설정할 수 있습니다. 자연 속에서 자유롭게 뛰노는 동물을 중심 요소로 삼아 사람들의 마음속에 활기를 불어넣고 따뜻한 감동에 젖어 들게 할 수도 있습니다. 또는 한적한 산골 마을을 주제로 여유로움을 전달하는 풍경을 그릴 수도 있죠.

동물을 중심 요소로 활력을 전달

한적한 산골 마을을 중심 요소로 여유로움을 전달

이때, **풍경과 배경은 엄연히 다른 개념**입니다. 풍경은 자연이나 도시 등 눈에 보이는 경치, 장면 그 자체를 의미합니다. 배경은 어떤 주요 대상이나 사건 뒤쪽에 있는 것으로, 주인공이나 중심 요소를 돋보이게 하는 보조적 역할이며 주제가 아닌 맥락이나 무대를 의미합니다. 그러므로 풍경을 중심 요소로 쓰느냐 배경으로 쓰느냐에 따라서 프롬프트를 다르게 써야 한다는 사실도 알아 두세요.

중심 요소를 '어떻게' 표현할까?

어떤 대상을 그릴지 정했다면 이제 **그 대상을 시각적으로 표현하는 방법**을 좀 더 구체적으로 알아야 합니다. 앞서 예시를 든 토끼 이미지로 표현 방법을 이어서 생각해 봅시다.

실제 토끼에게서 사람들이 느끼는 감정은 저마다 다를 수 있습니다. 어떤 사람은 활기와 귀여움을 느낄 수도 있고 동물을 그다지 좋아하지 않는다면 징그럽다고 할 수도 있습니다. 그러므로 '동물 이미지로 활기와 귀여움을 느끼게 해주겠어!'를 목적으로 한다면 이미지 생성 AI에게 오차 없이 확실하게 전달하는 장치가 필요한데 그것이 바로 **시각적인 표현**입니다.

토끼 사진이 너무나 사실적이어서 징그러움을 느낄 수도 있겠다 싶으면 귀여운 부분을 강조하는 표현 방법을 사용하면 좋겠죠. 귀여움을 강조한 만화, 만화 같으면서도 현실감을 살린 3D 캐릭터 같은 시각적인 표현 방법을 생각할 수 있겠습니다.

이렇듯 시각적인 표현은 이미지를 통해 전달하고자 하는 목적을 더욱 명확하게 만들어 주는 역할을 합니다.

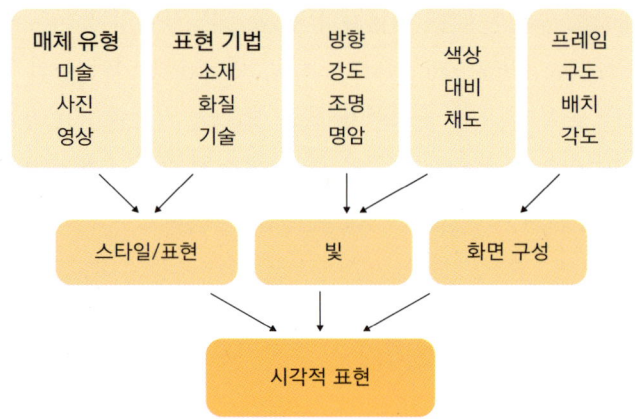

시각적인 표현 매체는 벽화와 같이 원시적인 형태를 비롯해 그림, 조각, 판화 등 다양한 소재와 미술 양식으로 발전해 왔습니다. 현대에 이르러 빛을 기록하는 기술이 발전하면서 카메라, 영상, 컴퓨터 그래픽 등의 새로운 매체도 등장했죠.

단순히 목격한 장면을 사실적으로 담기도 하고, 의도나 메시지를 강조하기 위해 이미지 속 대상을 배치하고 빛, 색상, 각도 등 다양한 시각 요소를 조절하면서 생각과 감정을 많은 사람들과 공유하고 있습니다. 우리는 이 키워드만 알면 이미지 생성 AI를 더 잘 다룰 수 있게 됩니다.

지금까지 설명한 내용을 다시 한번 요약하면 이미지는 ① **표현할 대상 요소를 정하고** 그 속에 담긴 메시지를 오류 없이 전달할 수 있는 ② **시각적인 표현 방법을 택해서 구현**한 결과물입니다. 이미지를 만드는 전체 과정을 그림으로 정리해 보면 다음과 같습니다.

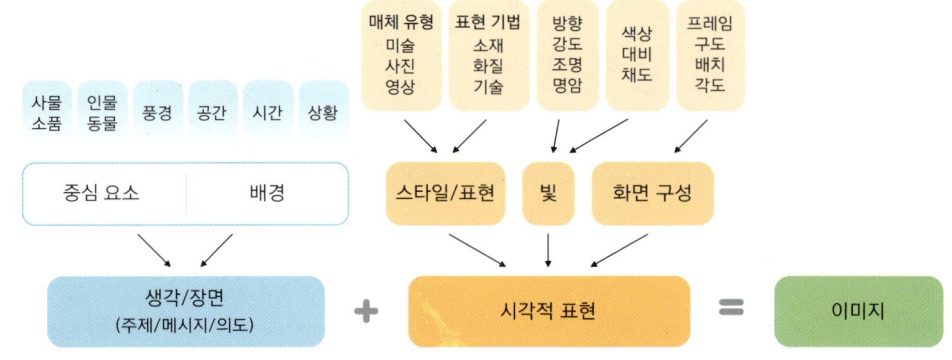

이미지 생성 AI를 더 잘 쓰는 방법

이미지 생성 AI를 잘 쓴다는 의미는 목적에 따라 다를 수 있습니다. 새로운 디자인 아이디어를 얻으려고 이미지를 무작위로 만드는 것이 잘 쓴다는 의미라고 주장할 수도 있습니다. 하지만 이 책에서는 **이미지 생성 AI가 작업자가 생각한 대로 그림을 생성해 내도록** 한다는 관점에서 이미지 생성 AI를 잘 쓰는 방법을 소개하고자 합니다.

다시 말해 이 책에서 "이미지 생성 AI를 잘 쓴다"라는 문장의 의미는 이미지 생성 AI가 멋대로 그리지 않고 작업자가 명령한 대로, 작업자의 생각한 것에 가장 가까운 이미지를 만들 수 있도록 **프롬프트를 최대한 구체적으로 작성하는 것**을 뜻합니다.

프롬프트를 작성하는 방법은 앞서 이미지의 본질이란 무엇인지 파헤치며 힌트를 얻었습니다. 바로 이미지에 등장할 대상을 구체적으로 묘사하고 시각적인 표현을 세부적으로 작성하는 것이지요.

구체적인 프롬프트를 완성하는 프롬프트 체크리스트

이러한 고민을 해결하기 위해 머릿속 장면을 생생하게 재현할 수 있게 도와주는 **이미지 생성 AI용 프롬프트 체크리스트**를 소개합니다. 이미지에 담고 싶은 대상과 그 대상을 어떻게 표현해야 할지 체크리스트를 작성한 후 항목을 하나하나 점검해 보면서 프롬프트를 완성해 나가는 방식입니다. 물론 체크리스트의 빈칸을 모두 채울 필요는 없으며 표현하고 싶은 것 위주로 하면 됩니다.

처음에는 여기에서 알려 주는 체크리스트의 내용을 하나하나 점검해 보면서 여러 단계를 거쳐 프롬프트를 만들 것입니다. 하지만 이 방법을 조금만 연습하면 체크리스트 없이도 머릿속 장면과 느낌을 자연스럽게 프롬프트로 옮겨 작성하는 실력을 쌓을 수 있을 것입니다.

이 체크리스트는 다음과 같이 크게 3단계로 진행됩니다.

> **1단계: 무엇을 그릴지 정하기**
> 생각/장면에 필요한 요소가 무엇인지 고민하고, 그 요소를 표현하는 단어를 찾습니다.
>
> **2단계: 어떻게 표현할지 정하기**
> 각 요소를 강조해 표현할 수 있는 적절한 시각적 표현 키워드를 찾아 조합합니다.
>
> **프롬프트 완성!**
> 1, 2단계에서 키워드를 조합해 프롬프트를 만듭니다.

앞서 배운 내용을 기반으로 여러분이 그리고 싶은 이미지에 사용할 프롬프트를 작성해 보겠습니다. 어떤 주제든 괜찮습니다. 체크리스트의 빈칸을 채워 나가면 프롬프트를 정확하게 작성할 수 있습니다.

이때 모든 칸을 채워 넣을 필요는 없습니다. 빈 부분은 이미지 생성 AI가 알아서 채워 주므로 결과물을 보면서 프롬프트를 구체적으로 만들어 갈 수도 있습니다.

1단계 무엇을 그릴지 정하기

생각 또는 장면	이미지로 표현하고 싶은 생각은 무엇인가요? 표현하고자 하는 생각 또는 장면을 이미지에 담기 위해 이미지를 생성하는 목적, 의도, 메시지에 대해 고찰해 본 내용을 적으세요.
중심 요소	생각 또는 장면을 잘 표현할 수 있는 중심 요소를 선정하세요. 내 생각 또는 장면을 가장 잘 표현/상징하는 요소를 적으세요. - 시각적으로 가장 눈에 띄게 할 대상, 이미지 속에서 마치 영화의 주연 같은 요소, 인물, 동물, 사물, 소품, 풍경 등 중심요소를 더 강조해 보세요 중심 요소를 시각적으로 꾸며서 이미지의 목적, 의도, 메시지를 더 강조해 주세요. - 중심 요소의 성격을 상징하는 외모, 복장이나 액세서리 또는 중심 요소의 행동
주변 요소 (배경)	중심 요소만으로 생각이 잘 전달되지 않는다면, 주변 요소를 구체적으로 설정하세요. 중심 요소만으로 이미지의 목적, 의도, 메시지를 드러내기 부족한 경우 주변 요소를 보충해서 작성하세요. - 상황, 공간, 시간 등을 드러낼 수 있는 주변 요소를 이미지에 추가 - 중심 요소와의 관계를 드러내거나 상호작용을 하는 인물, 동물, 사물, 소품, 풍경 등을 추가

🧭 2단계 어떻게 표현할지 정하기

시각적 표현	이미지가 어떻게 보여야 하나요? 중심 요소를 시각적으로 어떻게 표현해야, 목적, 의도, 메시지를 잘 담을 수 있을지 고민해 보세요. 이미지에서 풍기는 인상이나 느낌은 어때야 하는지 작성해 보세요.
매체 유형 매체명, 표현 기법	이미지의 느낌을 가장 잘 살릴 수 있는 매체를 선택하세요. 1. 미술, 사진, 영상 등 매체명 작성하기 2. 각 매체의 표현 기법 작성하기
화면 구성 프레임, 배치, 구도, 시점, 각도	중심 요소와 주변 요소를 화면에서 얼마나 담고, 어떻게 배치할지 정하세요. 1. 프레임: 눈앞(혹은 생각)에 보이는 것을 화면에 얼마나 담아 느낌을 실릴지 2. 배치/구도: 요소를 화면에 어떤 식으로 배치해서 느낌을 살릴지 3. 시점/각도: 어느 위치에서 중심/주변 요소를 바라볼 수 있도록 장면을 구성해서 느낌을 살릴지
빛 방향, 강도, 조명, 명암 색상, 대비, 채도	빛을 이용해 화면에 담은 요소를 더욱 강조해 보세요. 1. 방향, 강도, 조명, 명암 2. 색상, 대비, 채도

✨ 프롬프트 완성!

📋 1단계

생각 또는 장면	
중심 요소	
주변 요소 (배경)	

🧭 2단계

시각적 표현	
매체 유형	
화면 구성	
빛	

프롬프트	*1~2단계에서 작성한 문장, 단어를 합쳐서 작성하세요.* 각 단계에서 빈칸에 작성한 내용을 모으기만 해도 프롬프트가 됩니다. 특히 특정 요소를 강조하는 2단계의 화면 구성, 빛과 관련된 표현은 어느 요소를 표현할 것인지 생각하면서 유기적으로 작성해 주는 것이 좋습니다.

'학교 로고 만들기'를 주제로 정해서 프롬프트 체크리스트를 작성한 3단계의 예시입니다. 어떤 흐름으로 프롬프트를 작성하면 될지 살펴보세요

1단계 무엇을 그릴지 정하기

생각 또는 장면	이미지로 표현하고 싶은 생각은 무엇인가요? 우리 학교를 상징하는 로고를 그리자! 로고에는 '**지성**'이라는 우리 학교의 교훈이 담겼으면 좋겠어.
중심 요소	생각 또는 장면을 잘 표현할 수 있는 중심 요소를 선정하세요. 우리 학교의 교훈을 고려해서, 지혜로움의 상징인 **부엉이**를 중심 요소로 표현해야겠다. 중심요소를 더 강조해 보세요 부엉이를 더 꾸밀 필요는 없을 것 같으니 넘어갈까?
주변 요소 (배경)	중심 요소만으로 생각이 잘 전달되지 않는다면, 주변 요소를 구체적으로 설정하세요. 부엉이를 더 똑똑하게 보이게 하는 소품이 있을까? 아, 책이나 연필이 있으면 더 좋을 것 같다. **부엉이가 책을 펼쳐 읽는 모습(상황)**으로 지성을 표현하는 로고를 만들자!

2단계 어떻게 표현할지 정하기

시각적 표현	이미지가 어떻게 보여야 하나요? 로고는 학교 홈페이지, 명찰, 깃발 같은 데 사용할 수 있으니까, **디자인 최대한 단순한 게** 좋겠지?
매체 유형	이미지의 느낌을 가장 잘 살릴 수 있는 매체를 선택하세요. 앱, 버튼 등 상징적인 것을 간결하게 표현하는 디자인 방식인 **아이콘(매체명)**이 가장 적절할 것 같다! 애플 스마트폰 스타일 아이콘이 좋을까? 아니면 화장실 표지판 같은 단순한 형태가 좋을까? 음, 아무래도 사용처(학교 홈페이지, 명찰, 깃발)를 고려해서 화장실 표지판같이 **단순한 도형 디자인(표현 기법)**이 좋겠다.
화면 구성	중심 요소와 주변 요소를 화면에서 얼마나 담고, 어떻게 배치할지 정하세요. 아이콘의 전체 형상을 **삼각형 구도**로 만들어 안정감을 주어야겠어.
빛	빛을 이용해 화면에 담은 요소를 더욱 강조해 보세요. 색상 없이 **흰 배경에 검은 선으로 단순하게 표현**해야겠어.

✨ 프롬프트 완성!

프롬프트	1~2단계에서 작성한 문장, 단어를 합쳐서 작성하세요. 부엉이가 책을 펼쳐 읽는 모습, 흰 배경에 검은색 선으로 표현, 단순한 도형으로 부엉이와 책을 표현, 삼각형 구도의 아이콘 디자인, 선을 최소한으로 사용

어떤가요? 막연했던 머릿속 아이디어가 체크리스트의 단계에 따라 구체적인 프롬프트로 정리되는 과정을 경험하니 이제 원하는 이미지를 만들 수 있다는 자신감이 생기지 않나요? 이제 여러분의 상상력을 더해 프롬프트 체크리스트를 활용하여 멋진 이미지를 만들고 원하는 곳에 자유롭게 활용해 보시길 바랍니다.

이 프롬프트 체크리스트를 컴퓨터에서도 편하게 사용하고 싶은 독자분들을 위해 파일로 따로 제공합니다. 새로운 아이디어가 떠오를 때마다 이 양식을 활용해 생각을 정리해 보세요. 워드/한글/PDF 파일을 아래 주소나 오른쪽 QR코드를 스캔해 내려받을 수 있습니다.

◆ 프롬프트 체크리스트 내려받기: bit.ly/easys_ptc

다음 장부터는 이 프롬프트 체크리스트의 각 항목을 채워줄 구체적인 키워드들을 본격적으로 소개합니다. 각 장을 필요할 때마다 펼쳐 보며 여러분의 프롬프트를 더욱 풍부하게 만들어 보세요.

피사체에 생명을 불어넣는 키워드

이미지 속에 등장시킬 피사체. 이들에게 어떻게 메시지를 담을 수 있을까요? 인물, 동물, 사물, 풍경 등 이미지에 담길 대상은 저마다 고유한 특징이 있습니다. 각 대상이 갖고 있는 시각적인 특징을 의도적으로 강조하거나 생략하며, 우리가 보여주고 싶은 것들을 더 눈에 띄게 만드는 작업을 통해 메시지를 더 생생하게 만들 수 있습니다. 이번 장에서는 피사체에 메시지를 담아낼 수 있는 방법을 키워드를 통해 알아보겠습니다.

04-1 인물 표정부터 구도까지 표현하기
04-2 현실과 상상을 넘나드는 동물 묘사
04-3 느낌으로 완성하는 사물 묘사
04-4 목적에 따라 달라지는 풍경 그리기

04-1

인물 표정부터 구도까지 표현하기

여러분의 그림 속 인물을 자세히 표현하는 방법을 알아보도록 하겠습니다. 특히 인물을 이미지의 중심 요소로 사용하는 경우 대부분 **인물에 대한 정보를 시각적으로 전달하려는 목적**이 크기 때문에 이목구비, 헤어스타일 등의 외모, 복장, 액세서리 등을 자세히 묘사할수록 인물에게 우리의 생각을 담기 쉽습니다. 또는 인물의 외모 표현을 생략하더라도 시선, 자세나 행동을 자세히 묘사하여 인물을 통해 메시지나 의도를 전달할 수도 있죠.

우리는 어떤 사람과 대화하기 전에 시각적으로 보이는 모습을 가지고 그 사람이 어떤 사람인지 본능적으로 유추합니다. 눈이 깊고 눈동자는 파랗고 하얀 피부에 금발을 가졌다면, '저 사람은 서양 사람이다.'라고 생각합니다.

또 인물이 취하고 있는 표정과 자세를 통해서 성격을 추측하기도 합니다. 어떤 사람이 싱글벙글 웃으며 몸이 활짝 열린 자세를 하고 있으면 밝고 활기찬 느낌을 받고 반대로 굳은 표정으로 팔짱을 끼고 있으면 왠지 모르게 다가가기 어려운 느낌을 받을 수 있습니다. 이처럼 인물의 기본적인 외모 그리고 그 사람이 보여주는 표정과 자세는 성격을 추측하는 단서가 될 수 있습니다.

그 외에도 인물의 외양에서는 드러나지 않지만, 주변 환경에 의해 어떤 사람인지 알 수 있는 경우도 있죠. 덩치 크고 정장 입은 경호원들이 둘러싸고 있는 사람을 보며 엄청 중요한 사람이라는 인상을 받을 수 있고 또 항상 고요한 자연, 사찰 등에 자주 머무는 사람을 보며 평온하고 고요한 내면을 추구하는 성향이라고 생각할 수도 있습니다.

인물을 표현하는 프롬프트는 인물의 외모, 표정과 자세, 배경을 활용하여 작성해야 합니다. 이제 인물을 표현할 때 사용하면 좋은 구체적인 키워드들을 소개하겠습니다. 결과물을 바로 활용해 볼 수 있도록 '응용 프롬프트'도 제공하니, 키워드를 바꿔 가며 프롬프트를 완성해 보세요.

인물을 표현하려면 자기소개서를 적는다고 생각하세요!

인물을 표현하는 프롬프트를 쓸 땐 인물의 특징을 묘사하는 자기소개서를 작성한다고 생각해 보세요. 국적, 나이, 성별, 직업, 좋아하는 것, 키, 체형, 피부색, 머리 색, 머릿결, 눈동자 색, 사는 곳, 표정, 자세, 복장 등 다양한 요소를 담을 수 있습니다.

이미지로 표현하려고 하는 가상의 인물에 대해 앞서 제시한 특징과 여러분들이 상상하는 여러 특징이 담긴 프롬프트를 작성해 보세요. 아래 예시는 사진이라는 매체와 인물의 복장을 고정한 채, 인종, 나이 등 몇 가지 특징적인 요소를 변경해 가며 생성한 이미지들입니다.

✨ 응용 프롬프트   인물 사진, 미디엄 샷, [나이], [인종/지역], [표정], [인상착의] [헤어스타일]

> 대괄호의 내용을 원하는 대로 변경해 보세요!

40대 스웨덴 여성	20대 한국 남성	70대 아프리카 남성
swedish woman in her 40s	korean man in his 20s	african man in his 70s

프롬프트	프롬프트	프롬프트
인물 사진, 미디엄 샷, 스웨덴 40대 중반 여성, 밝은 갈색 단발 헤어스타일, 푸른 눈, 남색 정장에 화이트 셔츠, 연한 황금색 넥타이. 옅게 미소를 띈 얼굴.	인물 사진, 미디엄 샷, 한국 20대 남성, 검은색 짧은 헤어스타일, 검은 안경, 남색 정장에 화이트 셔츠, 연한 황금색 넥타이. 옅게 미소를 띈 얼굴	인물 사진, 미디엄 샷, 아프리카 70대 남성, 흰 장발 헤어스타일, 남색 정장에 화이트 셔츠, 연한 황금색 넥타이. 옅게 미소를 띈 얼굴.

인물의 나이를 묘사하는 키워드

이번엔 나이를 표현하는 키워드를 소개합니다. 다음 프롬프트에서 [나이]를 수정해 보세요.

✨ 응용 프롬프트	한국 여성, [나이], 흰옷을 입고 오렌지색으로 염색한 중간 길이의 짧은 머리, 클로즈업 사실적인 사진 ◆ '25 y/o(years old)'와 같이 숫자로 표현해도 좋습니다.

인물의 인종/지역 키워드

인종뿐만 아니라 구체적인 지역까지 설정해 준다면, 더 정확한 결과를 얻을 수 있습니다. 다음 프롬프트에서 [인종/지역]을 바꿔 써 보세요.

✨ 응용 프롬프트	[인종/지역] 남성, 30세, 검은 셔츠를 입고 짧은 머리를 다크 바이올렛으로 염색, 클로즈 업 사실적인 사진 ◆ 인종, 국적 대신 나라 이름을 직접 적어도 효과적입니다.

동아시아인 east asian 	동남아시아인 southeast asian 	중앙아시아인 central asian 
인도인 indian 	중동인 middle easterner 	북아프리카인 north african 
남아프리카인 south african 	서아프리카인 west african 	동아프리카인 east african 

인물의 성격을 보여 주는 표정 키워드

인물의 표정은 성격을 표현할 때 활용하면 좋습니다. 다음 프롬프트에서 [표정] 부분의 내용을 바꿔 다음과 같은 결과를 얻었습니다.

✨ 응용 프롬프트	인물 사진, 미디엄 샷, 한국 20대 남성, 검은색 짧은 헤어스타일, 검은 안경, 남색 정장에 화이트 셔츠, 연한 황금색 넥타이. [표정]

감정에 관한 다양한 키워드

행복한 표정만으로는 인물의 행복한 정도를 표현하기 어려울 때가 있죠. 겸손을 지키면서 행복함을 나타내는 경우 **미소를 짓는다** 정도로 표현해 볼 수 있고, 솔직하게 크게 기쁜 마음을 나타내는 경우 **활짝 웃다**와 같이 표현해 볼 수 있겠습니다.

인물의 감정을 더 살리고 싶으면 다음 키워드를 참고해 보세요.

기쁨/행복	• **웃음**: 환히 웃다, 미소 짓다, 활짝 웃다 • **흥분**: 들뜨다, 들썩이다, 기뻐하다	• **만족**: 흐뭇하다, 만족스럽다, 행복하다 • **고마움**: 감사하다, 감동하다
슬픔	• **눈물**: 울다, 훌쩍이다, 눈물을 흘리다 • **침울**: 무기력하다, 침울하다, 처지다	• **고독**: 외롭다, 쓸쓸하다, 공허하다 • **비통**: 애통하다, 슬프다, 비탄하다
분노/짜증	• **화남**: 화내다, 노하다, 격분하다 • **짜증**: 짜증 나다, 귀찮다, 신경질적이다	• **적대감**: 적대적이다, 성내다, 날카롭다 • **불쾌감**: 불쾌하다, 심술 나다, 분개하다
두려움/불안	• **공포**: 무섭다, 겁먹다, 소스라치다 • **불안**: 초조하다, 불안하다, 긴장하다	• **걱정**: 걱정하다, 염려하다, 불안정하다 • **경계**: 경계하다, 의심하다, 불신하다, 수줍어하다
놀람	• **긍정적 놀람**: 놀라다, 경이롭다, 감탄하다 • **부정적 놀람**: 경악하다, 충격받다, 깜짝 놀라다	• **의아함**: 의아하다, 당황하다, 멍하다
사랑/애정	• **애정**: 사랑스럽다, 따뜻하다, 다정하다 • **그리움**: 그립다, 아련하다, 애틋하다	• **보살핌**: 돌보다, 아끼다, 배려하다 • **열망**: 동경하다, 설레다, 반하다
혐오/싫음	• **혐오감**: 역겹다, 싫다, 꺼리다 • **불편함**: 거북하다, 껄끄럽다, 부담스럽다	• **냉소**: 비웃다, 조롱하다, 냉정하다 • **무시**: 경멸하다, 무관심하다, 비꼬다
무표정/중립	• **무표정**: 담담하다, 중립적이다, 멍하다 • **집중**: 골똘하다, 생각에 잠기다, 몰두하다	• **자연스러움**: 평온하다, 차분하다, 담담하다

인상착의 키워드

인물의 복장, 인상착의도 다양하게 바꾸어 볼 수 있습니다. 기본적인 의상 종류에 색상을 변경하는 식으로 바꿔볼 수도 있고, 군복, 축구복과 같은 기능적인 의상 혹은 전통 복식을 키워드로 사용해 볼 수도 있습니다.

✨ **응용 프롬프트** — 인물 사진, 미디움 샷, 한국 30대 남성, [인상착의] 목젖이 보일 만큼 입을 크게 벌리고 웃는 표정.

헤어스타일 키워드

헤어스타일은 종류가 정말 많죠. 인물의 개성을 가장 잘 드러낼 수 있는 요소이기도 합니다. 헤어스타일과 질감(텍스처) 키워드를 소개합니다. 여기에서 알려드린 키워드에 원하는 색상까지 더하면 더 좋습니다.

✦ 응용 프롬프트	인물 사진, 클로즈 업, 사실적인 사진, 한국 20대 여성, [헤어스타일], 흰 배경 스튜디오

헤어스타일 질감(텍스처) 키워드

앞서 원하는 헤어스타일을 골랐다면, 다음으로는 질감을 설명해 줍니다. 헤어스타일 질감 직모, 곱슬과 같이 헤어스타일에서 느껴지는 질감을 말하는 것으로 다음과 같은 키워드들이 있습니다.

✨ 응용 프롬프트 │ 인물 사진, 클로즈 업, 사실적인 사진, 서양 20대 여성, 분홍색 단발 머리, [헤어스타일 질감], 검은 배경 스튜디오,

헤어스타일에 관한 다양한 키워드

길이, 질감, 스타일, 색상 등을 조합해 다양한 헤어스타일을 만들어 낼 수 있습니다.

길이(length)	• 긴 머리(long), 중간 머리(medium), 짧은 머리(short), 대머리(bald)
질감(texture)	• 직모(straight), 반곱슬(wavy), 곱슬머리(curly), 부스스한 머리(frizzy, messy, shaggy), 뾰족한 머리(spiky)
스타일(style)	• **자른 스타일**: 픽시컷(pixie cut), 투블럭(two block), 버즈컷(buzz cut), 모호크(mohawk) • **묶은 스타일**: 포니테일(ponytail), 양갈래(twintails), 올림머리(updo), 상투머리(top knot) • **땋은 스타일**: 땋은 머리(braid), 콘로우(cornrows), 드레드락(dreadlocks) • **넘긴 스타일**: 슬릭백(slick back), 콤오버(comb-over)
색상(color)	• **기본**: 검은색(black), 갈색(brown), 금발(blonde), 붉은색(red), 백발(white/gray) • **포인트**: 애쉬 블루(ash blue), 라벤더 퍼플(lavender purple), 네온 핑크(neon pink)

시각적인 묘사 없이 간접적으로 인물 표현하기

간접적인 표현이란 무엇일까요? 예를 들어 '교장선생님'이라는 이미지를 떠올려 봅시다. 여러분의 교장선생님 모습은 어떤가요? 아마 근엄한 표정을 지으시고, 양복을 입고 계시며, 안경을 쓴 5~60대 남성이 떠오를 거예요.

이렇게 사람들의 머릿속에는 어떤 대상에 대해 공통으로 떠올리는 모습, 느낌이 있습니다. 이러한 공감대를 이용해서 직접적인 표현을 사용하지 않고 **간접적인 표현만으로 프롬프트를 작성하는 방법**도 소개하고자 합니다.

저의 학창 시절 교장선생님은 학교의 큰 행사 외에 얼굴 뵙는 일이 그렇게 많지 않았고, 어쩌다 학생이 문제를 일으키는 경우에 교장실에서만 만날 수 있다는 소문 때문에 항상 엄격하게 학생들을 지켜보고 있을 것 같다는 이미지가 있습니다. 이런 제 상상 속의 교장선생님을 보여드리겠습니다.

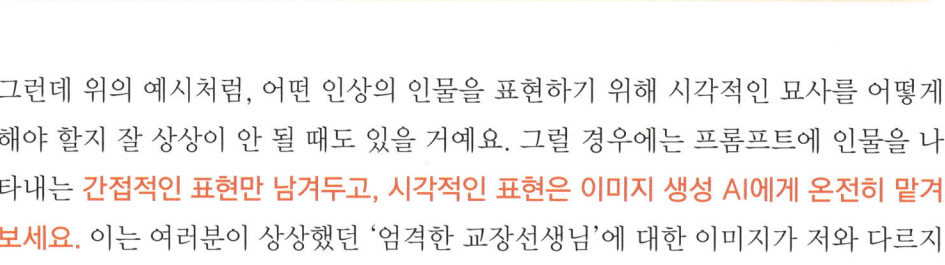

그런데 위의 예시처럼, 어떤 인상의 인물을 표현하기 위해 시각적인 묘사를 어떻게 해야 할지 잘 상상이 안 될 때도 있을 거예요. 그럴 경우에는 프롬프트에 인물을 나타내는 **간접적인 표현만 남겨두고, 시각적인 표현은 이미지 생성 AI에게 온전히 맡겨 보세요.** 이는 여러분이 상상했던 '엄격한 교장선생님'에 대한 이미지가 저와 다르지 않다면 사용해 볼 수 있는 방법이에요.

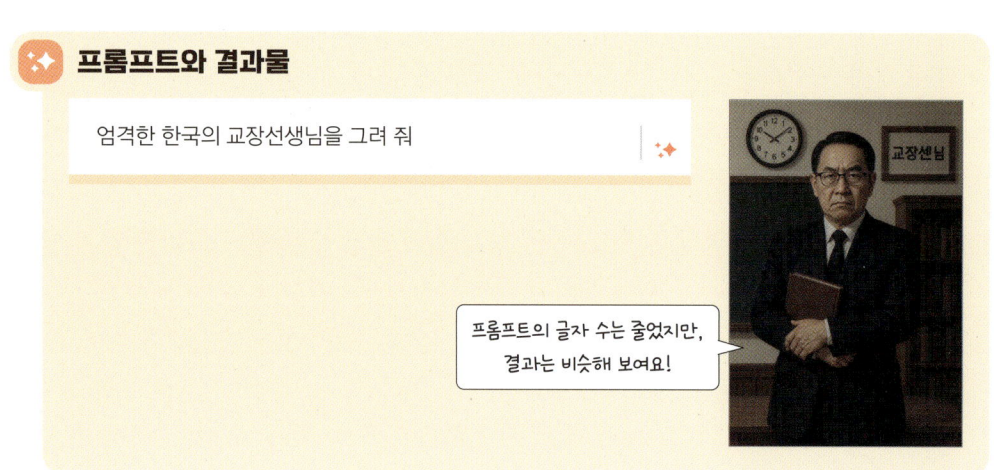

시각적 묘사로 길게 쓴 프롬프트의 결과물과 거의 비슷한 이미지가 생성됐습니다. 엄격하다는 이미지가 팔짱을 낀 자세, 굳은 표정, 안경과 같은 패션 아이템으로 나타나네요. 이처럼 대부분의 사람이 공감대를 가지는 간접적인 표현 방식이 있다면, 시각적 표현에 공들이지 않고도 편하게 이미지를 만들어 볼 수 있습니다. 또 이미지 생성 AI에 따라 글자 수 제한이 있는 경우가 있기 때문에 글자를 적게 사용하고도 많은 것을 표현할 수 있다는 장점은 덤이에요.

이처럼 시각적인 묘사 대신 사용해 볼 수 있는 간접적인 표현 방식은 정말 다양합니다. 앞선 예시처럼 성격과 직업을 통해 보여주는 것 이외에도 사용해 볼 수 있는 간접적인 표현 방식을 간단히 알려 드리겠습니다.

간접적으로 인물의 특징 표현하기

프롬프트를 작성할 때는 앞서 살펴본 것과 같이 직접적인 묘사를 사용할 수도 있지만 함축적인 표현을 통해 간접적으로 인물의 특징을 표현할 수도 있습니다.

간접적 표현에 쓰이는 다양한 키워드

다음은 위에서 언급한 요소들에 참고할 수 있는 키워드 목록입니다. 직접 적용해 보세요.

행동과 몸짓 (gestures and behavior)	• 걸음걸이: 느긋하다, 빠르다, 쿵쿵 걷는다 • 손동작: 말을 할 때 손을 많이 사용한다, 손을 자주 비빈다	• 표정: 웃음이 많다, 항상 무표정이다, 긴장된 얼굴을 자주 보인다 • 습관: 입술을 깨문다, 머리를 자주 만진다, 고개를 자주 갸웃거린다
내면적인 특징 (inner characteristics)	• 성격: 친절하다, 냉정하다, 활발하다, 내성적이다 • 행동 패턴: 규칙적인 생활을 한다, 충동적으로 행동한다	• 말투: 부드럽다, 권위적이다, 느긋하다 • 취향: 좋아하는 색, 음악, 음식 • 감정 표현 방식: 감정을 쉽게 드러낸다, 무뚝뚝하다
배경 및 맥락 (context and background)	• 출신: 어디에서 왔는지, 문화적 배경 • 직업: 직업과 그에 따른 태도나 특징 • 취미와 관심사: 그 사람이 좋아하거나 자주 하는 것	• 인간관계: 다른 사람과의 관계에서 나타나는 모습
특유의 분위기 (aura and impression)	• 첫인상: 따뜻하다, 차갑다, 무서운 느낌이다	• 전반적인 분위기: 신비롭다, 평범하다, 존재감이 강하다

성격을 보여 주는 자세 키워드

인물의 자세는 표정과 함께 인물이 어떤 성격을 가졌는지 표현할 수 있는 수단입니다. 인물의 자세를 프롬프트로 작성할 때는 평소에 특정 상황에서 어떤 자세를 취했는지 생각해 보면 쉽습니다. 예를 들어 남들 앞에서 자신감 있게 발표하는 상황을 상상해 봅시다. 가슴을 활짝 펴고 허리춤에 손을 얹으며 자신감 있는 미소를 띠겠죠?

✨ 프롬프트와 결과물

> 무대 위에서 사람들을 향해 자신감 있게 발표하는 남성, 가슴을 활짝 펴고, 허리춤에 양 손을 얹으며, 자신감 있는 미소

이렇게 인물을 묘사할 때 특정 상황과 그 상황에 취해볼 수 있는 자세를 상상하며 프롬프트를 작성해 보세요. 대체로 잘 구분하여 표현해 줍니다. 자세에 사용해 볼 수 있는 몇 가지 키워드를 소개합니다.

✨ 응용 프롬프트	20대 한국 여성, 어두운 파란색 머리, [자세], 프로 사진, 4K HD. 작가에게 어울리는 의상을 입고 작가의 특징을 잘 보여주는 도구를 들고 있음. 그림으로 가득 찬 어두운 배경의 작업실 배경, 마치 현장에서 촬영한 듯한 구도의 장면.

정면 응시 direct gaze	사선으로 바라보기 angled gaze	팔짱 끼기 arms crossed

다리를 꼬고 앉기 legs crossed sitting	살짝 고개 돌려 뒷모습+측면 노출 over shoulder glance

04장 ✦ 피사체에 생명을 불어넣는 키워드   95

시선을 집중시키는 구도 키워드

화면 구도에 따라 이미지를 보는 사람의 시선이 어디에 집중되게 할 것인지 결정할 수 있습니다. 배경을 더 많이 담으면 인물이 어떤 공간이나 상황에 있는지 힌트를 줄 수 있고, 인물을 더 많이 담아 불필요한 시각적인 요소를 제거하면 인물을 더 돋보이게 할 수도 있습니다.

인물과 배경의 비율을 적절히 섞어 균형감, 안정감을 줄 수도 있죠. 인물의 일부만 보이게 하거나 멀리서 바라보는 장면을 연출해서 이미지를 보는 사람으로 하여금 상상력과 궁금증을 유발할 수도 있습니다. 이처럼 **구도는 이미지를 보는 사람이 인물을 어떻게 바라보았으면 좋겠는지 의도를 담기 위한 장치**라고 할 수 있습니다.

◆ 더 다양한 구도, 자세 키워드는 05-4절에서 살펴보겠습니다.

인물의 시선 처리 키워드

고사성어 중 화룡점정이라는 말이 있습니다. 중국의 어느 화가가 용을 그린 다음 마지막으로 눈을 그렸다는 뜻으로 어떤 일을 하는 데 가장 중요한 부분을 완성하는 것을 뜻합니다. 인물 묘사 프롬프트에는 **시선 처리**라는 화룡점정이 필요합니다. 시선 처리를 통해 인물의 상황이나 생각을 담을 수 있기 때문이죠.

보통 시선 처리 키워드 없이 이미지 생성 AI에 인물 이미지를 그린다면, 정면을 바라보는 이미지를 만들어 줍니다. 그래서 **시선 처리 키워드를 사용함으로써 어떠한 상황이나 인물의 생각이나 감정을 드러내는 것**을 추천합니다. 시선 처리도 자세와 마찬가지로 여러분이 어떤 상황이나 생각을 할 때 어떤 시선을 하게 되는지 생각을 해보며 프롬프트를 작성해 보세요. 다음은 시선 처리에 사용해 볼 수 있는 키워드입니다.

✨ **응용 프롬프트** — 20대 한국 여성, 어두운 파란색 머리, 프로 사진, 4K HD. [인물의 시선이 향하는 방향] 작가에게 어울리는 의상을 입고 작가의 특징을 잘 보여주는 도구를 들고 있음. 그림으로 가득 찬 어두운 배경의 작업실 배경, 마치 현장에서 촬영한 듯한 구도의 장면.

04-2
현실과 상상을 넘나드는 동물 묘사

이번에는 동물을 묘사하는 방법을 알아보겠습니다. 이미지 속에서의 동물은 보통 주변 요소로서 자연의 느낌을 강조하거나 용맹한 장군이 타고 있는 말 같이 인물의 정체성을 강조하는 요소로 사용됩니다. 이런 경우에는 그 **동물이 가진 원래의 외모나 성질을 더 강조하는 방향**으로 묘사해야 합니다. 그 동물 고유의 생김새를 자세히 묘사하되 주변 요소로써 중심 요소를 강조할 수 있도록 특색은 있지만 눈에 띄지 않게끔 절제하여 묘사해야 하죠.

만약 이미지 속에서 동물을 중심 요소로 표현한다면, **인물 묘사 이상으로 많은 것을 표현**해야 합니다. 육지 동물, 해양 동물, 하늘을 나는 동물 등 생김새나 사는 곳도 너무나 다양하고 같은 육지 동물끼리도 걷고 뛰는 모습, 먹는 음식 등 행동도 정말 다양하기 때문이죠. 인물보다 훨씬 묘사해야 하는 스펙트럼이 넓습니다.

✨ 프롬프트와 결과물

이른 아침 안개가 낀 숲속, 늙고 현명해 보이는 붉은 여우 한 마리가 쓰러진 통나무 위에 앉아 있다. 여우의 털은 서리를 맞아 은은하게 빛나고, 호박색 눈은 깊은 생각에 잠긴 듯하다. 입가에는 희미한 미소를 띠고 있으며, 꼬리는 풍성하게 늘어뜨리고 있다. 극사실적인 야생 동물 사진, 부드러운 아침 햇살, 얕은 심도.

동물 묘사의 재밌는 점은, 현실에서는 동물에게 표정이나 사람과 같은 행동을 기대할 수 없지만, 이미지 생성 AI를 사용하면 이러한 상상도 마음껏 펼쳐볼 수 있다는 것입니다. 인물에서 사용되는 표현을 동물에게 적용할 수 있어서 재미있는 이미지를 많이 만들어 볼 수 있습니다.

여러분의 상상 속 동물은 일반적인 동물인가요? 아니면 현실에는 전혀 없는 전설 속 동물인가요? 여기에 등장하는 동물 묘사 방법을 참고해서 여러분의 상상을 펼쳐 보세요.

동물만 묘사	동물의 표정 묘사	동물의 표정 묘사
프롬프트	프롬프트	프롬프트
흰색 배경, 온통 검은 털뿐인 짧은 털의 토끼, 풀 샷	흰색 배경, 활짝 웃고 있는 골든 리트리버, 풀 샷	흰색 배경, 윙크하는 얼룩무늬 고양이, 풀 샷
동물에게 사람의 옷과 표정 묘사	사람이 할 법한 행동을 더한 동물 묘사	캐릭터화한 동물
프롬프트	프롬프트	프롬프트
흰색 배경, 스웨터를 입고 인자한 표정을 짓는 금테 안경을 쓴 고릴라, 미디움 샷	검은 배경, 두 발로 문워크를 하는 흰 정장을 입은 사람과 같은 자세의 백마, 풀 샷	유쾌한 표정으로 대자로 팔벌려 서 있는 악어, 조감도, 3D 클레이 메이션

동물의 외양 키워드

동물의 특징을 묘사하는 방법을 조금 더 자세히 알아보겠습니다. 어떤 동물을 시각적으로 묘사할 때는 외형적인 특징, 행동, 환경을 생각해서 묘사하면 생동감 있게 표현할 수 있습니다. 늑대를 예시로 들어보겠습니다.

외형적인 특징	행동과 움직임	서식지와 환경
프롬프트	프롬프트	프롬프트
늑대, 뾰족뾰족한 사자 같은 거친 갈기, 푸른 눈, 노란 발톱, 흰 배경 스튜디오 사진	늑대, 뾰족뾰족한 사자 같은 거친 갈기, 푸른 눈, 노란 발톱, 흰 배경 스튜디오 사진, 입을 벌리고 먹이를 덮치는 모습	늑대, 뾰족뾰족한 사자 같은 거친 갈기, 푸른 눈, 노란 발톱, 아프리카 초원에서 찍은 사진, 입을 벌리고 먹이를 덮치는 모습

이처럼 동물의 외양을 명확하게 표현하는 것만으로도 멋진 동물 이미지를 만들어 낼 수 있습니다. 동물 묘사에 쓸 수 있는 또 다른 다양한 키워드는 다음과 같습니다.

외형적인 특징	• **크기와 몸집**: 크다, 작다, 길쭉하다, 통통하다 • **피부와 털**: 털의 색깔, 패턴(줄무늬, 점박이), 질감(부드럽다, 거칠다), 상태(윤기가 난다, 흐릿하다) • **눈**: 크기, 색깔, 광택(반짝거린다, 흐리다), 눈의 모양(둥글다, 날카롭다) • **귀**: 크기, 모양(뾰족하다, 둥글다), 움직임(자주 움직인다, 고정되어 있다)	• **발, 발톱**: 발 모양, 발바닥의 상태(말랑말랑하다, 거칠다), 발톱의 길이와 날카로움 • **꼬리**: 길이, 모양(둥글게 말려 있다, 길게 늘어져 있다), 움직임(살랑거린다, 뻣뻣하다) • **특징적인 부분**: 뿔, 코 모양, 이빨, 수염, 날개 등
행동과 움직임	• **걸음걸이**: 느긋하다, 경쾌하다, 뛰어다닌다, 미끄러지듯 움직인다 • **몸짓**: 고개를 갸웃거린다, 귀를 세운다, 꼬리를 흔든다 • **소리**: 울음소리(짖는다, 야옹거린다, 으르렁거린다), 소리의 강약과 특성(부드럽다, 날카롭다)	• **먹이를 잡는 방식**: 빠르게 덮친다, 은밀히 다가간다 • **먹는 모습**: 우걱우걱 먹는다, 조심스레 갉아 먹는다 • **기타 행동**: 장난기 많다, 무관심하다, 활발하다, 느긋하다
서식지와 환경	• **활동하는 계절/날씨**: 봄, 여름, 가을, 겨울, 비, 눈, 번개 등	• **사는 곳**: 숲, 초원, 바다, 집 안 등 환경적 배경

동물의 인상착의, 무늬 키워드

동물의 무늬는 사람의 인상착의와 같이 느낌을 강조하는 키워드입니다. 좀 더 상상력을 발휘해 볼까요? 현실의 토끼에게는 없는 무늬를 토끼에게 입혀보았습니다.

동물을 사람처럼 만드는 키워드

동물을 의인화해 볼까요? 사람이 입는 옷을 입히고, 사람처럼 두 발로 서있게 만드는 것이죠. 또, 04-1절에서 알아본 인물 표현 관련 키워드를 추가로 사용해 본다면, 보다 친근한 동물 캐릭터를 디자인할 수도 있습니다.

✨응용 프롬프트	인체 비율을 가진 아기 [동물]을 초현실적인 3D 렌더링 스타일로 클로즈 업 의인화, 은은한 광택이 감도는 크고 둥근 눈, 작고 오밀조밀한 코와 부드러운 윤곽의 작은 입을 지닌 귀여운 얼굴, 은은한 광택으로 볼륨감 있게 표현된 털(또는 머리카락)을 정교하게 묘사하고, [직업]에 어울리는 복장을 착용한 채 해당 직업의 정체성과 개성을 보여주는 소품을 들거나 착용하고 있음. 배경은 [장소]로 설정되어 마치 현장에서 직접 촬영한 것처럼 사실적으로 연출된 장면.

고양이 요리사	너구리 경찰관	사막 여우 서퍼
고양이/요리사/식당	너구리/경찰관/도시	사막여우/서퍼/바다
cat/chef/restaurant	racoon/police officer/city	desert fox/surf boarder/ocean

말 록스타	모델 독수리	소 모험가
말/록스타/네온사인으로 꾸민 무대	독수리/모델/촬영장	소/모험가/정글
horse/rock star/neon stage	eagle/model/studio	cow/adventurer/jungle

바리스타 수달	북극곰 스노우 보더	기린 카우보이
수달/바리스타/안락한 카페	북극곰/스노우보더/설산(눈 덮인 산)	기린/카우보이/서부 마을
otter/barista/cozy cafe	polar bear/snow boarder/ snowy mountain	giraffe/cowboy/western village

동물의 자세 바꾸기

이제 내 상상 속의 동물이 어떤 자세를 취하고 있는지 생각해 봅시다. 사실 이 부분은 인물에도 동일하게 적용되었던 내용이죠. 자세에 따라 캐릭터의 성격, 행동을 표현하기 때문에 자세를 설정하면 이미지를 정말 고급스럽게 만들 수 있습니다.

팔짱을 낀 자세가 단호함과 자신감을 보여주고 손을 턱에 괸 자세는 사색적인 분위기를, 한 손을 허리에 올린 자세는 당당한 느낌을 주죠. 한쪽 다리를 앞으로 뻗거나 걸어가는 자세는 역동적이고 활동적인 느낌을 줍니다. 용어를 하나씩 바꿔 보며 원하는 자세를 찾아보세요.

> ✨ **응용 프롬프트**
>
> 인체 비율을 가진 아기 사슴을 초현실적인 3D 렌더링 스타일로 클로즈 업 의인화, [자세], 은은한 광택이 감도는 크고 둥근 눈, 작고 오밀조밀한 코와 부드러운 윤곽의 작은 입을 지닌 귀여운 얼굴, 은은한 광택으로 볼륨감 있게 표현된 털(또는 머리카락)을 정교하게 묘사하고, 화가에 어울리는 복장을 착용한 채 해당 직업의 정체성과 개성을 보여주는 소품을 들거나 착용하고 있음. 배경은 화실로 설정되어 마치 현장에서 직접 촬영한 것처럼 사실적으로 연출된 장면.

뒷모습 표현

뒷모습은 얼굴만큼이나 많은 감정과 상황을 표현할 수 있습니다. 여운을 남기거나 분위기를 강조하고 싶을 때 다음과 같은 뒷모습 표현 키워드들을 사용해 보세요.

✧ 응용 프롬프트 | 인체 비율을 가진 아기 펭귄을 초현실적인 3D 렌더링 스타일로 클로즈 업 의인화, [뒷모습 표현], 은은한 광택이 감도는 크고 둥근 눈, 작고 오밀조밀한 코와 부드러운 윤곽의 작은 입을 지닌 귀여운 얼굴, 은은한 광택으로 볼륨감 있게 표현된 털(또는 머리카락)을 정교하게 묘사하고, 의사에 어울리는 복장을 착용한 채 해당 직업의 정체성과 개성을 보여주는 소품을 들거나 착용하고 있음. 배경은 병원으로 설정되어 마치 현장에서 직접 촬영한 것처럼 사실적으로 연출된 장면.

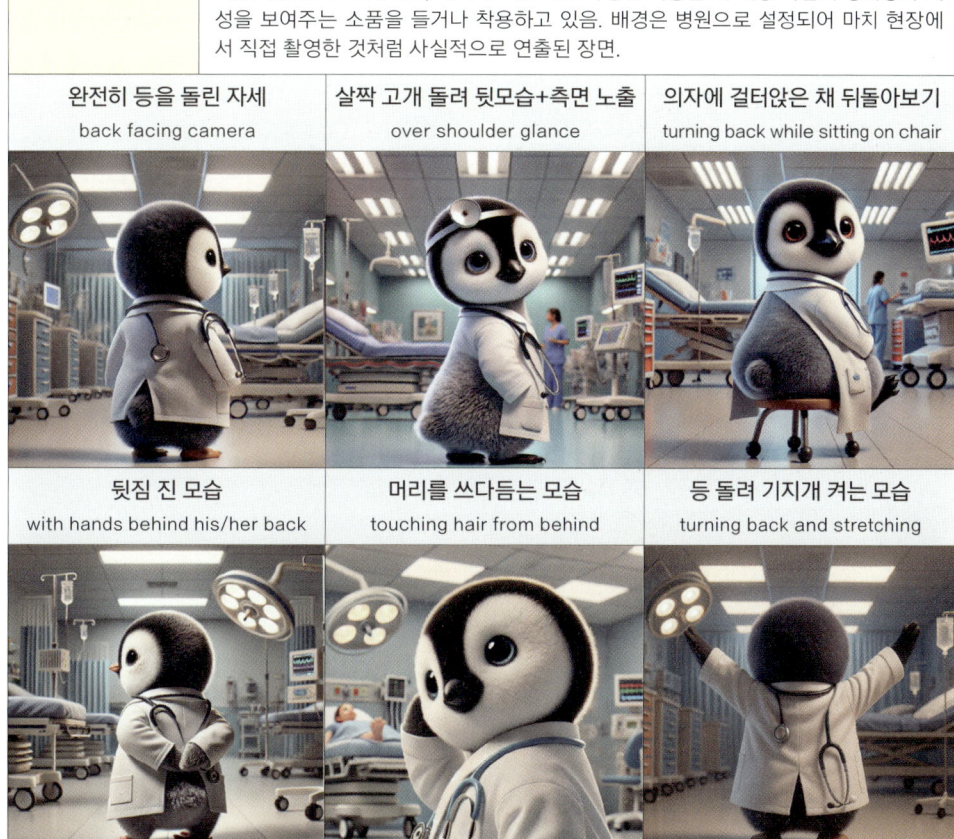

◆ 04-3 ◆
느낌으로 완성하는 사물 묘사

우리 주변의 사물을 이미지로 만들고 싶으신가요? 혹은 상상 속에 머무는 사물을 이미지로 표현해 보고 싶으신가요? 이번 절에서는 사물을 표현하는 방법을 알아보겠습니다.

사물을 표현할 때는 **시각적인 정보와 함께 풍기는 느낌을 함께 표현**해야 원하는 사물 이미지를 얻는데 시행착오가 적습니다. 사물이 단순하게 생겼을 때는 시각적인 표현만으로 쉽게 이미지를 만들 수 있지만 사물이 복잡할수록 느낌으로 표현하는 게 편리합니다.

예를 들어 여러 가지 기어 부품으로 구성된 엔진을 그린다고 가정해 보겠습니다. 시각적인 묘사만으로 그릴 수 있지만 설명이 길어지고 결과도 원하는 그림도 잘 안 나오는 경우가 많습니다. 그럴 땐 프롬프트를 "엔진을 그려 줘, 여러 개의 기어로 **복잡하고 증기기관 느낌.**"처럼 단순하게 느낌을 추가해 보세요. 이때 생성된 이미지에서 내 생각과 다르게 표현된 부분을 찾아서 더 자세히 표현해 주는 것이 좋습니다.

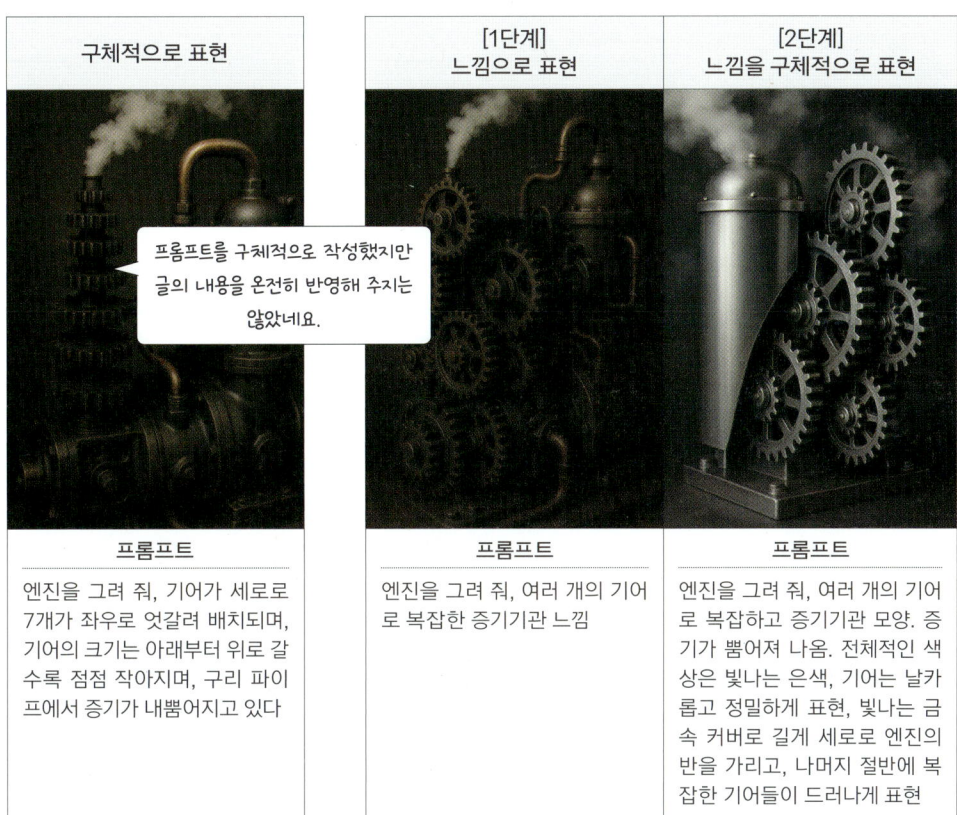

사물의 소재를 다양하게 바꿔 보기

소재와 관련된 키워드는 사물의 표현에 유용합니다. 소재는 시각적인 특징도 드러나면서 용도를 추측하기도 좋고, 소재에 따라 느껴지는 분위기도 다르기 때문입니다. 예를 들어 금속은 단단하고 차가운 느낌이 든다면, 양모는 부드럽고 따뜻한 느낌을 주죠. 또, 스테인리스는 음식, 의료 분야에서 많이 사용되어, 스테인리스를 소재로 한 사물은 깔끔하고 위생적인 느낌을 줄 수 있습니다.

아래는 상자의 소재를 변경해 보면서, 시각적인 정보와 느낌이 어떻게 바뀌는지 보여주는 예시입니다. 여러분이 이미지로 표현하고 싶은 사물에 어떤 느낌이 나타나면 좋을지, 키워드를 통해 알아보세요.

✨ 응용 프롬프트 [재질]로 된 상자 그려 줘.

골판지, 종이 cardboard, paper	플라스틱 plastic	유리 glass
도자기 ceramic, pottery	스테인리스 stainless steel	알루미늄 aluminum
나무 wood	흙 clay, earth	돌 stone
면 직물 cotton fabric	삼베 hemp, linen	양모 wool

소재별로 어울리는 키워드 추가하기

지금 손에 닿는 것을 만져보세요. 매끈한가요? 아니면 거친 질감이 느껴지나요? 같은 재질, 소재로 된 물건이라도, 어떠한 느낌으로 가공했는지에 따라 그 느낌과 분위기, 질감이 크게 달라집니다. 프롬프트를 작성할 때도 이런 질감을 상상하며 내용을 채우는 것이 좋습니다. 작성법을 이어서 살펴봅시다.

04장 ✦ 피사체에 생명을 불어넣는 키워드

사물에 추상적인 느낌을 더해서 표현하기

사물의 시각적인 묘사만으로 원하는 색채, 분위기, 촉감 등의 느낌을 내기 어렵다면 추상적인 표현으로 대체하여 원하는 느낌의 이미지를 만들어 낼 수 있습니다.

✨ 응용 프롬프트   [추상적인 느낌] 상자 그려 줘.

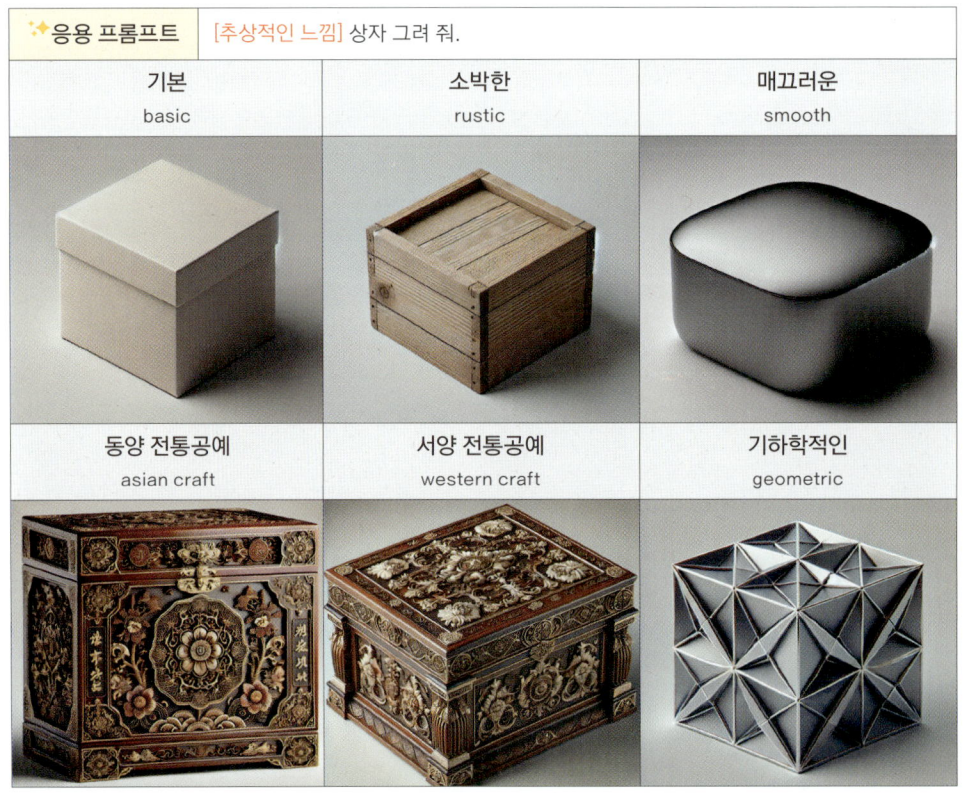

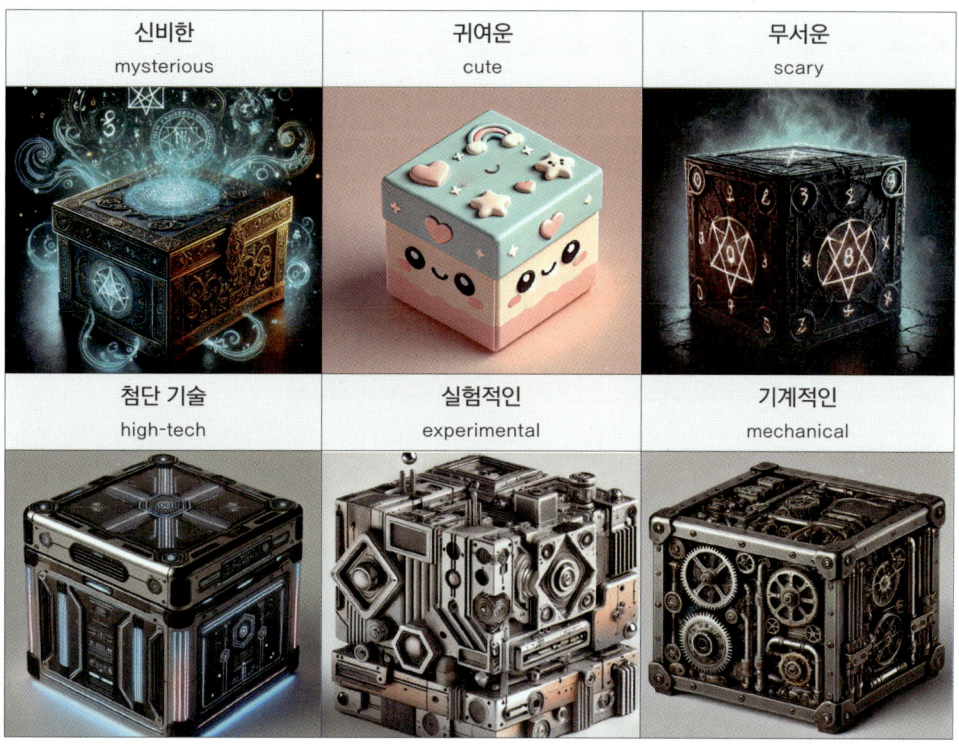

자동차와 같은 복잡한 사물에도 느낌을 적어 두면 그에 맞는 이미지를 만들어 줍니다. 콘셉트 아트를 만들 때 잘 활용해 보세요.

✨ 응용 프롬프트	[느낌] 자동차 그려 줘.

너무 현실성 없는 이미지가 나온다면 "현실에 있는 느낌의 귀여운 자동차"로 바꿔 쓰세요

함축적인 표현이 어렵다면? 문장으로 풀어 쓰기

사물을 가장 잘 나타내는 단 하나의 단어를 찾기 어려우면, 문장으로 풀어 쓰는 것도 한 방법입니다.

◆ 04-4 ◆

목적에 따라 달라지는 풍경 그리기

이미지에서 풍경은 크게 두 가지 목적을 가집니다. 첫 번째로 풍경 그 자체가 중심 요소가 되거나, 두 번째로 인물, 사물 등 다른 중심 요소를 돋보이게 하는 주변 요소(배경)로 사용하는 것이지요.

자연이나 도시 등 눈에 보이는 경치, 장면 그 자체인 풍경을 그리려는 경우, 전달하고자 하는 분위기, 이야기, 감성이 핵심이 됩니다. 프롬프트를 작성할 때는 **구성 요소의 균형, 구도와 시점, 빛과 분위기, 스타일의 통일성**을 고려해야 합니다.

어떤 주요 대상이나 사건 뒤에서 중심 요소를 돋보이는 배경으로 풍경을 사용하는 경우, 풍경은 조연 임무를 수행하며 중심인물이나 사물을 더 선명하게 부각하기 위해, **중심 요소와의 대비, 시선 유도, 자연스러운 배경, 분위기의 조화**를 신경 써야 합니다.

이처럼 여러분이 그리고자 하는 풍경의 역할을 먼저 정의하고, 그것에 맞게 프롬프트를 구성해 보세요.

눈앞에 보이는 생생한 풍경 그리기

풍경을 표현하는 방법도 사물 표현과 크게 다르지 않습니다. 다만 풍경은 사물과는 다르게 다양한 사물, 구조물, 시설, 자연 요소 등이 단순하거나 복잡하게 구성되어 나타나기 때문에 이 모든 것을 고려해 하나하나 작성하기보다, 느낌, 분위기, 색채 등에 초점을 맞춰 작성하는 것이 편리합니다.

네온사인이 가득한 거리 neon-lit street	기차역 train station	고층 빌딩 skyscraper
프롬프트 화려한 네온사인이 밤하늘을 알록달록 물들이며 도시의 심장을 뛰게 했다. 간판 불빛이 젖은 도로 위에 반사되어 꿈속의 풍경처럼 번져갔다.	**프롬프트** 철길 위를 따라 길게 뻗은 플랫폼에 기차 한 대가 미끄러지듯 다가왔다. 붉은 신호등과 번쩍이는 안내판 불빛이 복잡한 도시의 리듬을 만들어냈다.	**프롬프트** 도시 한복판, 유리로 뒤덮인 마천루들이 하늘을 찌를 듯 솟아 있었다. 햇빛을 받아 반짝이는 창들은 마치 커다란 거울처럼 주변 풍경을 비추었다.
호수 lake	사막 desert	폭포 waterfall
프롬프트 잔잔한 호수 위에 새벽안개가 살포시 내려앉았다. 거울처럼 맑은 수면이 하늘과 산을 그대로 비추며 꿈처럼 아련한 풍경을 만들었다.	**프롬프트** 끝없이 펼쳐진 모래언덕이 황금빛 물결을 이루며 바람에 부드럽게 흐트러졌다. 태양이 지는 순간, 사막은 불타오르는 듯 붉게 물들었다.	**프롬프트** 거대한 폭포가 산을 타고 하얀 실타래처럼 쏟아져 내렸다. 물보라가 햇빛을 받아 일곱 빛깔 무지개를 만들어냈다.

분위기와 시점, 구도 키워드로 실감 나게 건물과 장소를 구현하기

눈에 보이는 풍경에서 느껴지는 분위기를 더 강조하고 싶다면 어떻게 해야 할까요? 느낌을 표현하는 **형용사를 이용하는 게 가장 간단한 방법**입니다. 그런데 더 극적이고 신선한 방법으로 느낌을 강조하고 싶다면 **시점, 구도 키워드**를 이용하는 것을 추천합니다.

보통 어떤 장소나 공간은 가까이서 볼 때와 먼 곳에서 볼 때의 느낌은 상당히 다릅니다. 또 어디서 바라보는가에 따라서도 상당히 다르죠. 예를 들어 우리보다 큰 크기의 건물을 지상에서 바라볼 때 크고 웅장한 느낌을 받지만, 비행기에서 건물을 바라보면 미니어처같이 귀여운 느낌이 드는 것과 같습니다.

◆ 각도, 구도와 같은 '화면 구성'에 관한 키워드는 05-4에서 더 자세히 다룹니다.

신전 temple	결혼식장 wedding hall	콘서트장 concert hall
프롬프트 바위 언덕 위에 홀로 우뚝 서 있는 유리 기둥으로 된 그리스 파르테논 신전, worm's eye view	**프롬프트** 로맨틱한 분위기가 느껴지는 흰 천이 바람에 날리는 백색 모래사장 바로 옆 결혼식장, bird's eye view	**프롬프트** 기능적인 면을 고려해서 소리가 잘 퍼지게 만든 르네상스 시대의 콘서트장
아래에서 위로 올려다보는 각도로 피사체에서 위압감이 느껴지게 함	위에서 아래로 내려다보는 각도로 공간의 규모가 돋보이게 함	

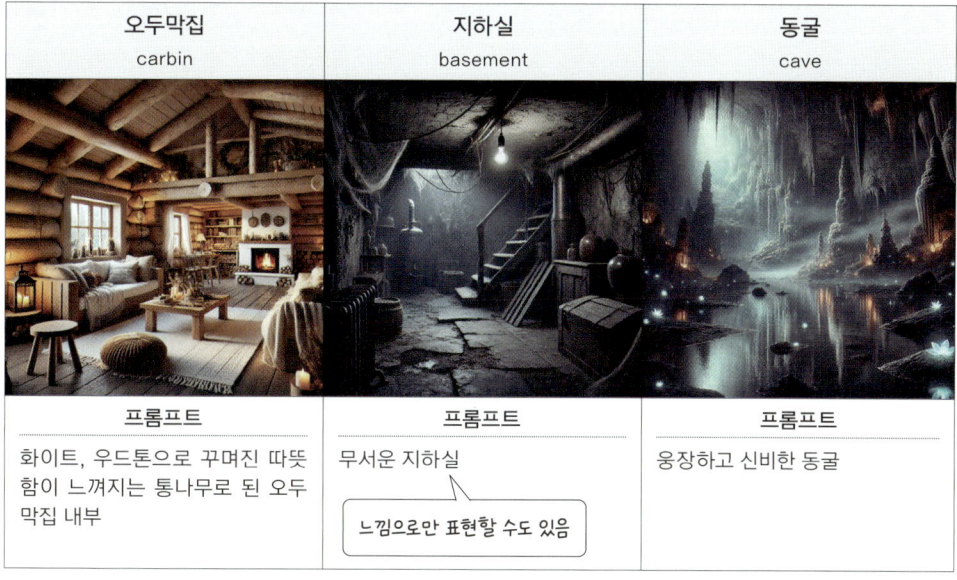

중심 요소를 강조하는 배경으로 풍경 그리기

중심 요소만으로는 전달하고 싶은 느낌이 잘 살지 않는다면, 중심 요소를 강조하는 배경의 역할로서 풍경을 사용해 보세요. 동일한 캐릭터(중심 요소)에 배경만 바꿔서 분위기를 바꿔 보겠습니다.

풍경을 폭포로 했을 때는 자연 속에서 무예를 갈고 닦으며 주인공이 여유로운 분위기 속에서 수양하는 느낌을 줍니다. 풍경을 전쟁터로 했을 때는 주인공이 전쟁 속에서 무예를 사용하는 모습을 보여줌으로써 긴박한 상황과 긴장감을 강조합니다.

이처럼 중심 요소가 놓인 **상황이나 분위기**는 **풍경을 바꿔서 강조**할 수 있습니다. 이 경우 중심 요소가 더 돋보여야 하므로 풍경을 자세히 묘사할 필요는 없지만 강조하려는 내용에 따라 적절한 풍경을 배경으로 선택해야 합니다.

이미지에 깊이를 더하는 시각 표현 키워드

같은 대상을 표현하더라도 시각적으로 '어떻게' 표현하느냐에 따라 이미지를 보는 사람에게 전해지는 여운은 다릅니다. 같은 음식이라도 어떤 재료를 쓰고 어떻게 조리하느냐에 따라 맛의 깊이가 다른 것처럼요. 이미지의 메시지와 의도를 더욱더 깊고 뚜렷하게 만들어주는 시각적 표현, 어떤 것이 있을까요? 지금부터 알아보겠습니다.

05-1   매체 유형에 따른 키워드
05-2   화면 구성에 관한 키워드
05-3   빛과 조명에 관한 키워드

05-1

매체 유형에 따른 키워드

미술 도구와 관련된 키워드

미술은 도구를 사용해 그림, 조각 등을 만드는 전통적인 시각 예술입니다. 몇 가지 대표적인 미술 도구 키워드를 알아보겠습니다.

표현 방식 키워드

미술 도구를 키워드로 사용하는 방법뿐만 아니라 특정한 주제나 느낌, 양식을 키워드로 사용하여 원하는 이미지를 만들어 낼 수도 있습니다. 어떤 화가가 그린 그림이나 특정 화풍을 적용한 이미지를 얻고 싶다면 **화가의 이름이나 작품을 키워드로 사용**하면 됩니다.

✨ 응용 프롬프트   고양이 그려 줘, [표현 방식] 스타일

초현실/비현실 surreal	공상과학 sci-fi, science fiction	문신 tattoo
타로 tarot	고대 벽화 ancient mural	비잔틴 양식 벽화 byzantine mural
어린이의 크레파스 그림 a child's crayon drawing	한국 민화 minhwa/korean folk painting	반 고흐, 별이 빛나는 밤 Vincent Van Gogh, The starry night

공예 키워드

공예는 손으로 질감이 있는 물체를 만드는 예술입니다. 종이, 점토, 양모, 금속 이외에 다양한 소재로도 공예를 할 수 있습니다. 유리, 나무, 도자기, 섬유, 가죽 등 다양한 키워드를 사용해 보세요.

◆ 사물의 질감 관련 키워드는 108쪽에서 다뤘습니다.

✨ 응용 프롬프트   [공예] 고양이 그려 줘

| 종이접기 origami | 종이공예 papercraft | 피규어 figure |
| 점토공예/클레이아트 clay art | 양모공예/펠트아트 felt art | 금속공예 metal craft |

종이를 접어 2차원 평면 형태로 대상을 표현

종이를 가공해서 3차원 형태로 대상을 표현

조각상 키워드

조각상은 크기에 따라 부르는 명칭이 조금씩 다릅니다. 차이를 구분해서 키워드를 입력해 보세요.

디지털 그래픽 디자인 키워드

컴퓨터(디지털 도구)를 활용한 디자인 키워드도 소개합니다.

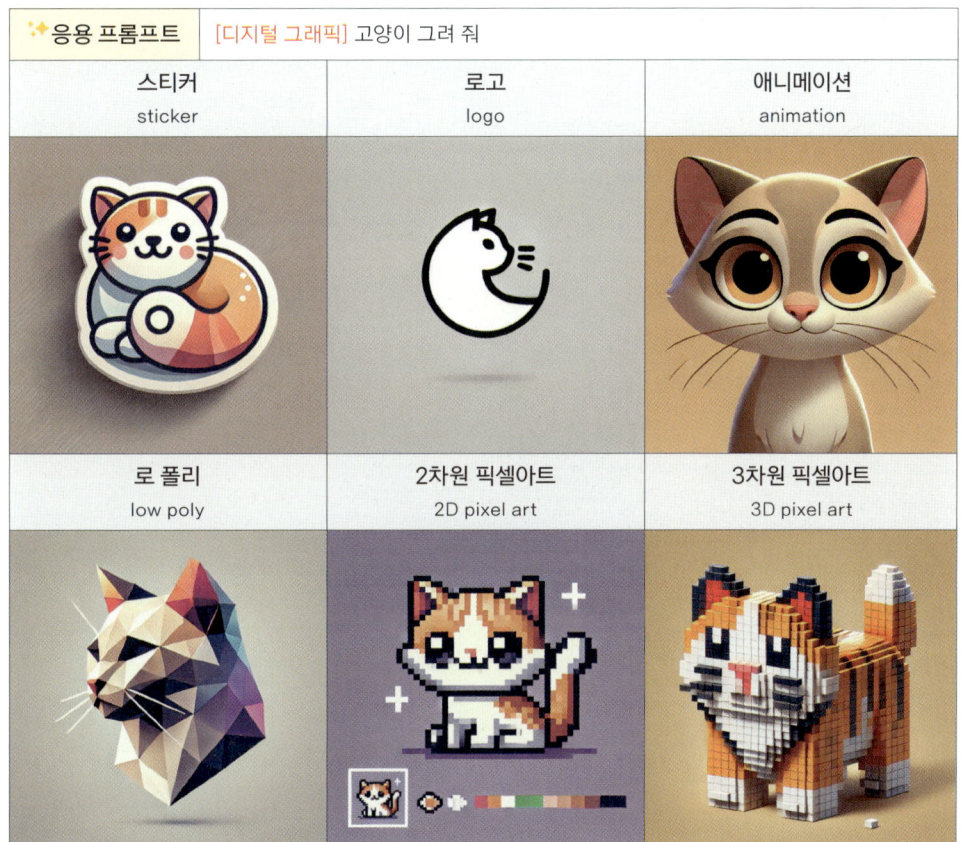

일러스트 키워드

때로는 사실적인 그림보다 설명서나 지도처럼 특정 목적과 양식을 가진 이미지가 필요합니다. 일러스트 키워드는 이처럼 정보 전달이나 독특한 콘셉트 표현에 특화된 스타일을 연출해 줍니다.

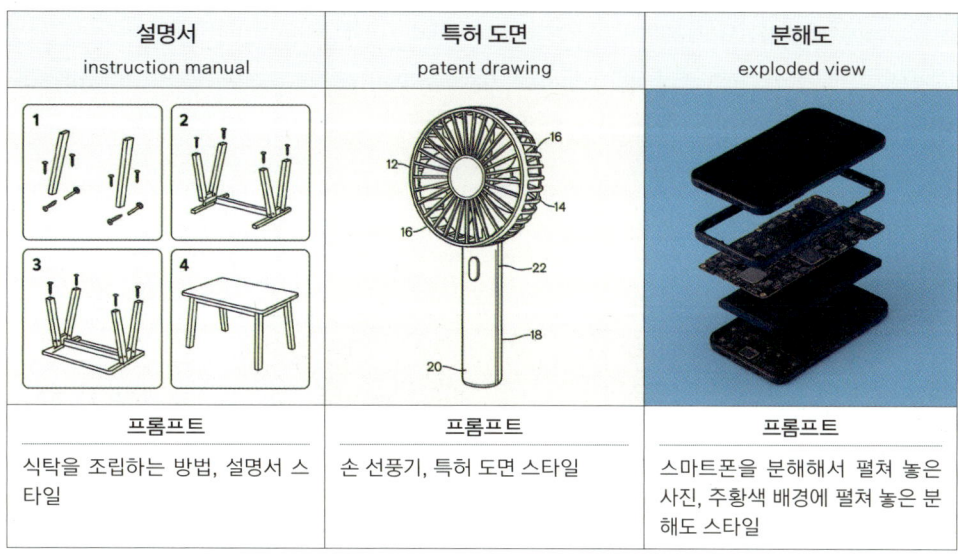

사진 관련 키워드

똑같은 고양이 사진이라도 선명한 스튜디오 사진과 빛바랜 빈티지 사진은 전혀 다른 느낌을 줍니다. 어떤 카메라로, 어떤 테마로 찍은 듯한 느낌을 줄지 결정하여 사진의 분위기와 감성을 더 깊게 표현해 보세요.

사진 촬영 테마 키워드

사진에도 다양한 촬영 테마가 있습니다. 표현하고자 하는 상황에 가장 잘 들어맞는 촬영 테마를 골라서 키워드로 사용해 보세요.

◆ 05-2 ◆
화면 구성에 관한 키워드

같은 대상이라도 이미지에 어떻게 담는지에 따라 느낌이 달라집니다. 특히 화면 구성을 글로 묘사할 때는 프레임, 각도, 구도, 배치 등의 키워드를 기계적으로 합쳐 쓰는 것보다 피사체를 어떤 식으로 볼 때 원하는 화면 구성이 나올 수 있을지 상상하며 키워드를 섞어 써야 효과적입니다.

이미지에 나타나는 대상을 화면에서 어떻게 담고 위치시킬지 화면 구성에 관한 키워드를 통해 알아보겠습니다.

프레임 키워드

눈앞에 보이는 장면을 이미지에 얼마나 담을지 경계를 정하는 것을 **프레이밍**(framing)이라고 합니다. 간단하게는 화면을 확대, 축소하는 개념으로 이해해도 좋습니다. 우리가 어떤 사물을 집중해서 바라볼 때 어느 한 곳을 집중적으로 빤히 바라보는 것처럼 보여 주고 싶은 부분을 프레임으로 잡아 대상을 강조할 수 있습니다.

롱 샷	피사체와 배경을 함께 담습니다. 다음 예시에서는 인물과 분홍색 벽과 문을 강조해 환상적인 공간에 있는 인물을 표현했습니다.
전신 샷	인물의 전신이 화면에 꽉 차게 담깁니다. 다음 예시에서는 인물의 반듯한 자세와 큰 키가 더 눈에 띄는 것을 확인할 수 있습니다.
미디엄 샷	주로 인물의 상반신이 화면에 담깁니다. 주인공이 주머니에 손을 넣고 있는 모습이 더 강조되어 인물의 자신감이 느껴지는 듯합니다.
클로즈 업	특정 부분을 확대하는 프레임입니다. 인물의 얼굴을 클로즈 업해서 인물의 예쁜 이목구비를 강조해 보여주고 있습니다.
익스트림 클로즈 업	클로즈 업보다 더 피사체를 확대해서 보여주는 개념입니다. 눈동자에 무엇이 비치는지 알 수 있을 정도로 눈을 강조해 보여주고 있습니다.

한눈에 보는 프레임 키워드

높이와 각도 키워드

높이와 각도 키워드를 조정하면 피사체를 바라보는 시점을 결정할 수 있습니다. 높이는 '레벨(level)', 각도는 '앵글(angle)'이라는 용어로 구분됩니다. 이 두 개념을 명확히 이해하려면 카메라 삼각대를 떠올려보면 됩니다.

삼각대로 촬영할 때를 상상해 보세요. 먼저 삼각대의 설치 높이, 즉 수직 높이가 레벨을 결정합니다. 눈높이보다 높으면 하이 레벨(high level), 눈높이와 같으면 아이 레벨(eye level), 그보다 낮으면 로 레벨(low level)입니다.

높이를 설정한 후에는 해당 위치에서 카메라를 위쪽으로 향하게 할지 아래쪽으로 향하게 할지 결정해야 합니다. 이러한 카메라의 상하 각도가 바로 앵글입니다. 렌즈가 위를 향하면 하이 앵글(high angle), 아래를 향하면 로 앵글(low angle)이 됩니다.

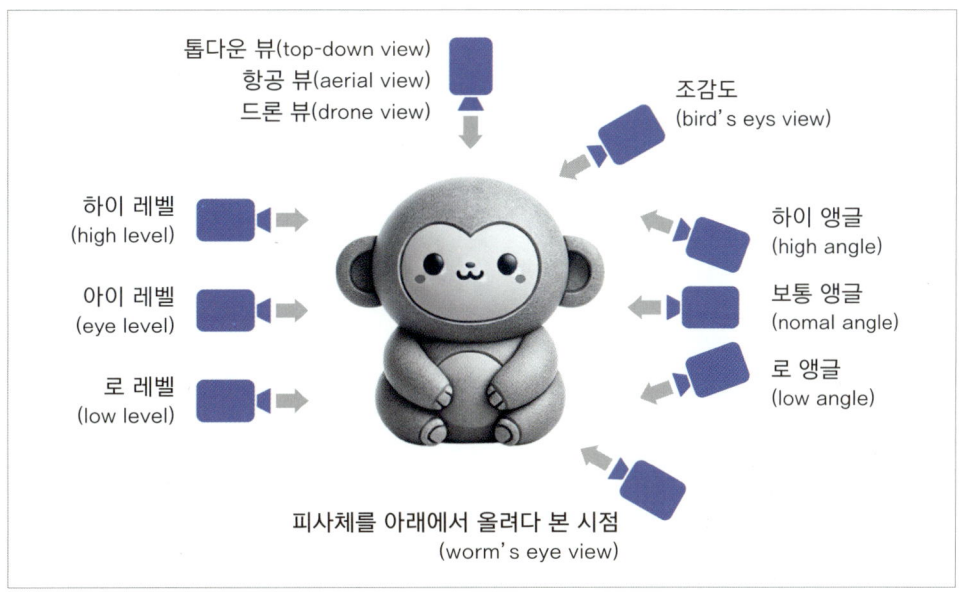

이 레벨과 앵글 키워드를 조합하면 다음과 같은 다양한 이미지를 만들어 볼 수 있습니다.

시점 키워드

시점(view point)은 높이와 각도를 한 번에 표현하는 키워드입니다. 다음 예시 이미지를 살펴봅시다. 고릴라의 아래에서 찍은 것 같은 이미지를 만들고 싶습니다.

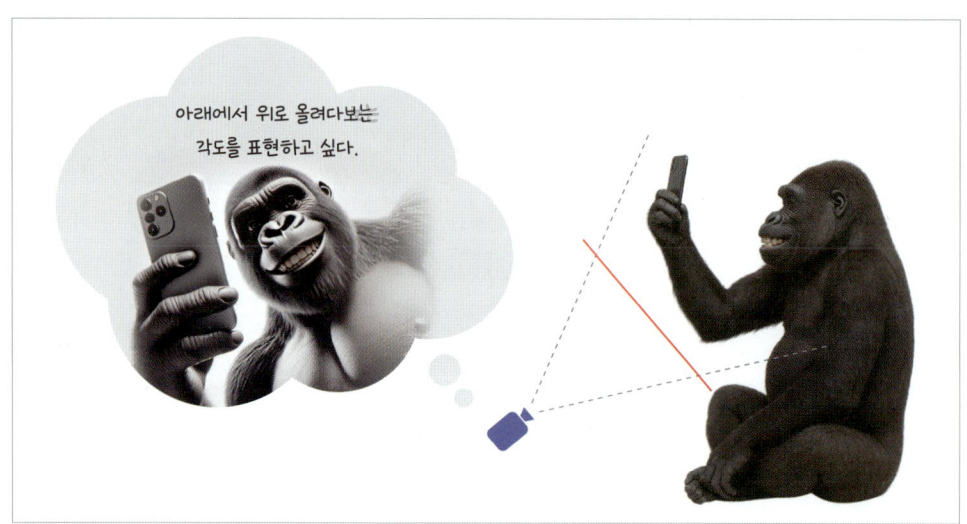

아래에서 위를 올려다보는 구도를 연출하려면 카메라를 로 레벨에 두고 하이 앵글로 각도를 조정한 키워드를 사용해야 합니다. 하지만 이미지 생성 AI에서 이런 키워드만으로는 원하는 결과가 나오지 않는 경우가 있습니다. 이때 구도를 명확히 표현하는 **시점** 키워드를 추가하는 것이 효과적입니다.

높은 곳에서 수직으로 바라보는 것을 **조감도**(bird's eye view)라고 합니다. 높은 곳에서 다양한 각도로 바라보는 것을 **항공 뷰**(aerial view) 또는 **드론 뷰**(drone view)라고 하고, 낮은 높이에서 위쪽을 바라보는 각도는 **worm's eye view**라고 합니다.

05장 ✦ 이미지에 깊이를 더하는 시각 표현 키워드

다양한 시점 키워드 예시

누구의 관점에서 장면을 바라보느냐에 따라 이미지의 이야기는 완전히 달라집니다. **내가 직접 보는 시점**이나 **주인공의 어깨너머로 보는 시점** 등을 활용해 더욱 생생하고 극적인 이미지를 만들어 보세요.

구도 키워드

피사체와 배경 요소들을 적절하게 배치하여 조화롭고 효과적인 시각적 구성을 만드는 것을 의미합니다. 좋은 구도는 이미지의 주제를 강조하고 시각적인 균형을 유지하며 보는 사람의 시선을 자연스럽게 이끌어줍니다. 대표적인 구도 키워드 9가지를 소개합니다.

05-3

빛과 조명에 관한 키워드

미술, 사진 등 다양한 시각 매체에서 빛은 빠질 수 없는 요소입니다. 빛의 방향이나 강도, 그림자와 관련된 키워드를 적절히 사용해서 이미지 속에서 강조하고자 하는 것, 의도 등을 표현할 수 있습니다.

빛의 방향에 따라

빛이 어느 방향에서 오느냐에 따라 피사체의 입체감과 분위기는 완전히 달라집니다. 순광은 대상을 선명하게, 측광은 입체감을 극대화하며, 역광은 신비로운 실루엣을 만들어 냅니다. 빛의 방향을 조종하여 여러분이 의도한 분위기를 연출해 보세요.

✦ 응용 프롬프트   흰 몰티즈, [빛의 방향], 검은 배경, HD photo

순광 front light	측광 side light	역광 back light

> 벽면, 기둥, 무대 등 사람보다 큰 대상에 아래서 위로 비추는 조명은 Uplight 입니다.

빛의 온도에 따라

빛의 온도와 양을 조절하여 다양한 분위기와 감정을 연출할 수 있습니다. 따뜻한 빛은 노란색이나 주황색 계열의 색감으로 아늑하고 편안한 분위기를 만들어내며 차가운 빛은 청색 계열의 색감으로 선명하고 깔끔한 느낌을 주어 집중력을 높여줍니다.

또한, 빛의 양을 조절하면 같은 빛의 온도라도 전혀 다른 분위기를 연출할 수 있습니다. 보통 빛의 양이 많으면 밝은 느낌을 주고 적으면 아련하거나 침울한 분위기를 만들어냅니다.

✨ 응용 프롬프트   흰 몰티즈, [빛의 온도], 검은 배경, HD photo

빛의 표현 방식에 따라

빛 온도 이외에도 광원이나 효과에 따라 다양한 빛의 표현도 있습니다.

✨ 응용 프롬프트 　흰 몰티즈, [빛의 표현 방법], 검은 배경, HD photo

다음은 촬영 기법과 관련된 빛 표현 방식의 키워드들이지만, 다른 매체에도 적용해 사용할 수 있으며 독특한 느낌을 자아낼 수 있습니다.

사진과 다른 매체를 조합한 예시

지금까지 소개한 키워드들은 하나씩 써도 좋지만, 서로 다른 유형의 키워드를 섞어 쓸 때 더 큰 효과를 냅니다. 예를 들어 '서양화'라는 그림 방식 키워드에 '보케'라는 사진 기법을 합치면, 실제로는 없는 특별하고 신비로운 느낌을 만들 수 있습니다.

✦ **프롬프트와 결과물**

| 밤거리의 고양이 그려 줘, 서양화, 보케 느낌 | 밤거리의 고양이 그려 줘, 서양화, 장노출 사진 느낌 |

06장

프롬프트 체크리스트를 활용해 나만의 이미지 만들기

03장에서 다뤘던 '프롬프트 체크리스트'와 04, 05장에서 배운 키워드들을 활용해 본격적으로 나만의 이미지를 만들어 보겠습니다. 이미지의 사용 목적에 맞게 하나씩 배워 볼게요! 혹시나 여기서 소개하지 않은 그림을 직접 만드는 데 어려움을 느낀다면 이지스퍼블리싱 AI 크리에이터 디스코드(bit.ly/easys_AI_creator)에서 질문해 보세요. 같이 고민해 보고, 피드백도 달아 드리겠습니다.

06-1 아이콘/로고/스티커/픽토그램
06-2 감정을 전달하는 캐릭터/이모티콘
06-3 아이디어 시안을 짤 때 유용한 제품 디자인
06-4 글의 이해를 돕는 삽화

06-1

아이콘/로고/스티커/픽토그램

아이콘과 로고는 고객의 기억 속에 회사나 브랜드의 인상을 남기고 서비스, 제품 등의 메시지를 전달하는 시각적인 상징물입니다. 따라서 회사나 브랜드의 정체성과 일관성을 표현하는 것이 핵심이죠.

아이콘이나 로고를 만들 때는 글자, 형태, 색상, 심벌 등의 디자인 요소를 고려해야 합니다. 글자(워드마크)나 이미지(심벌) 중 하나만 사용해서 표현할지, 아니면 둘 다 사용(엠블럼)해서 표현할지 결정하면 됩니다. 이 외에 마스코트를 사용하거나 모노그램, 추상 표현 등으로 아이콘과 로고를 만들 수도 있습니다.

아이콘에 사용하기 좋은 키워드	• 미니멀리스트(minimalist): 불필요한 모든 장식을 뺀 최소한의 선과 도형으로 핵심만 표현 • 플랫 디자인(flat design): 입체감과 그림자 없이 단색과 형태로만 구성된 직관적이고 깔끔한 디자인 • 스티커 디자인(sticker design): 외곽선이 뚜렷하고 아기자기한 스티커 형태로 귀엽고 친근한 느낌 • 금속 재질(metallic material): 금속 특유의 광택과 질감을 더해 고급스럽고 견고한 느낌 • 빈티지 마크(1900's vintage mark): 1900년대 상표처럼 낡고 빛바랜 질감으로 표현된 고풍스러운 디자인 • 양각/음각(embossed/intaglio): 로고가 표면 위로 튀어나오거나(양각) 안으로 파인(음각) 듯한 입체감 • 라인 아트(line art): 오직 선으로만 형태와 디테일을 표현하는 세련되고 감각적인 스타일 • 기하학적(geometric): 원, 삼각형, 사각형 등 기하학적인 도형을 중심으로 구성된 정교하고 현대적인 디자인 • 로고 엠블럼(logo emblem): 텍스트와 심볼이 방패나 원형 틀 안에 결합한 전통적이고 권위 있는 형태 • 픽셀 아트(pixel art): 네모난 점(픽셀)으로 이루어진 레트로 게임 감성의 독특한 스타일 • 수채화 로고(watercolor logo): 물감이 번지는 듯한 효과를 주어 부드럽고 감성적인 느낌 • 그라디언트(gradient): 두 가지 이상의 색상이 부드럽게 전환되는 효과로 생동감 있고 트렌디한 느낌

동호회 심벌

📋 1단계 무엇을 그릴지 정하기

생각 또는 장면	이미지로 표현하고 싶은 생각은 무엇인가요? 축구 동호회의 마크를 만들어보자! 말띠 친구들이 모여서 만든 동호회니까 심볼에 말이 함께 있으면 좋겠어.
중심 요소	생각 또는 장면을 잘 표현할 수 있는 중심 요소를 선정하세요. 축구공을 멋지게 표현해 볼까?
	중심 요소를 더 강조해 보세요. 축구공과 말이 동시에 나왔으면 좋겠어.
주변 요소 (배경)	중심 요소만으로 생각이 잘 전달되지 않는다면, 주변 요소를 구체적으로 설정하세요. 축구공 주변을 불 모양의 긴 갈기를 한 네 마리의 말이 달리고 있으면(상황) 날렵하고 강한 이미지를 줄 수 있을 것 같아!

🧭 2단계 어떻게 표현할지 정하기

시각적 표현	이미지가 어떻게 보여야 하나요? 로고는 어떻게 표현해야 좋을까?
매체 유형 매체명, 표현 기법	이미지의 느낌을 가장 잘 살릴 수 있는 매체를 선택하세요. 깔끔한 축구 팀의 마크를 디자인해 주면 좋겠어.
화면 구성 프레임, 배치, 구도, 시점, 각도	중심 요소와 주변 요소를 화면에서 얼마나 담고, 어떻게 배치할지 정하세요. 전체적으로 둥근 모습이었으면 좋겠어.
빛 방향, 강도, 조명, 명암 색상, 대비, 채도	빛을 이용해 화면에 담은 요소를 더욱 강조해 보세요. 검은 선으로 단순하게 디자인하고, 불은 파란색과 빨간색으로 표현해 볼까?

✨ 프롬프트 완성!

프롬프트	1~2단계에서 작성한 문장, 단어를 합쳐서 작성하세요. 깔끔한 축구 팀 마크 디자인, 축구공 주변을 불 모양의 긴 갈기를 한 네 마리의 말이 둥그렇게 달리고 있다, 검은 선으로 단순하게, 불은 파란색, 빨간색을 사용, flat design

제품 상표

📋 1단계 무엇을 그릴지 정하기

생각 또는 장면	이미지로 표현하고 싶은 생각은 무엇인가요? 유기농 버섯으로 만든 약의 상표를 만들고 싶어.
중심 요소	생각 또는 장면을 잘 표현할 수 있는 중심 요소를 선정하세요. 약의 원재료인 버섯을 강조해야 해.
	중심 요소를 더 강조해 보세요. 무늬가 화려하면 독버섯 같아서 오히려 약이라는 이미지에는 부정적일 거야.
주변 요소 (배경)	중심 요소만으로 생각이 잘 전달되지 않는다면, 주변 요소를 구체적으로 설정하세요.

✒️ 2단계 어떻게 표현할지 정하기

시각적 표현	이미지가 어떻게 보여야 하나요? 오랜 시간 검증된 전통적인 방법으로 만들었다는 느낌으로, 신뢰감을 주면 좋을 것 같아.
매체 유형 매체명, 표현 기법	이미지의 느낌을 가장 잘 살릴 수 있는 매체를 선택하세요. 1900년대 빈티지한 상표 아이콘 디자인(1900's vintage mark)이면 좋을 것 같은데.
화면 구성 프레임, 배치, 구도, 시점, 각도	중심 요소와 주변 요소를 화면에서 얼마나 담고, 어떻게 배치할지 정하세요. 사각형이 주는 안정감으로 신뢰감을 표현하면 더 좋겠다.
빛 방향, 강도, 조명, 명암 색상, 대비, 채도	빛을 이용해 화면에 담은 요소를 더욱 강조해 보세요. 검은색과 녹색으로 단순하게 표현하자.

✨ 프롬프트 완성!

프롬프트	1~2단계에서 작성한 문장, 단어를 합쳐서 작성하세요. 버섯으로 만든 약의 아이콘 디자인, 오랜 시간 검증된 전통적인 방법으로 만든 느낌, 검은색, 녹색으로 단순하게 표현, 버섯의 갓에는 무늬가 없다, 버섯은 하나만 그려 줘, cross-hatching, 1900's vintage mark, 사각형 마크

우주인 스티커

📋 1단계 무엇을 그릴지 정하기

생각 또는 장면	이미지로 표현하고 싶은 생각은 무엇인가요? 사람들에게 광활하고 신비로운 우주의 느낌을 홍보할 수 있는 스티커를 만들어야겠어!
중심 요소	생각 또는 장면을 잘 표현할 수 있는 중심 요소를 선정하세요. 이 스티커의 주인공은 우주인이야.
	중심 요소를 더 강조해 보세요. 누구나 우주인인 것을 알아봐야 하니까, 우주복 하면 가장 먼저 떠올리는 흰 우주복을 입혀야겠다. 등에는 제트팩을 메도록 해서 조금은 개성이 느껴지게 해야겠다.
주변 요소 (배경)	중심 요소만으로 생각이 잘 전달되지 않는다면, 주변 요소를 구체적으로 설정하세요. 별이 빛나는 우주 공간을 자유롭게 날아다니면 신비롭겠지?

🧭 2단계 어떻게 표현할지 정하기

시각적 표현	이미지가 어떻게 보여야 하나요? 우주인이란 것을 누구나 알아볼 수 있도록, 요소를 변형하지 말고 최대한 원형을 살리자.
매체 유형 매체명, 표현 기법	이미지의 느낌을 가장 잘 살릴 수 있는 매체를 선택하세요. 스티커를 제작할 거니까, 스티커 디자인으로 해야지.
화면 구성 프레임, 배치, 구도, 시점, 각도	중심 요소와 주변 요소를 화면에서 얼마나 담고, 어떻게 배치할지 정하세요.
빛 방향, 강도, 조명, 명암 색상, 대비, 채도	빛을 이용해 화면에 담은 요소를 더욱 강조해 보세요.

✨ 프롬프트 완성!

프롬프트	1~2단계에서 작성한 문장, 단어를 합쳐서 작성하세요. 흰 우주복을 입고 별이 빛나는 우주를 날아다니는 사람. 제트팩을 메고 있다. 스티커 디자인

북극곰 스티커

📋 1단계 무엇을 그릴지 정하기

생각 또는 장면	*이미지로 표현하고 싶은 생각은 무엇인가요?* 지구온난화가 너무 걱정돼! 사람들에게 지구 온난화에 대한 경각심을 주고 싶어.
중심 요소	*생각 또는 장면을 잘 표현할 수 있는 중심 요소를 선정하세요.* 요즘 북극곰이 살 곳을 잃고 있다는데, 북극곰을 주인공으로 이미지를 만들자. *중심 요소를 더 강조해 보세요.* 북극곰이 슬퍼 보이면 사람들도 더 걱정하겠지?
주변 요소 (배경)	*중심 요소만으로 생각이 잘 전달되지 않는다면, 주변 요소를 구체적으로 설정하세요.* 녹아내리는 얼음 위에 북극곰이 서 있도록 표현해 보자. 특히 얼음을 지구 모양으로 표현하면, 지구온난화 문제가 북극곰뿐만 아니라, 지구에 살고 있는 우리 인간에게도 위기라고 느낄 거야.

🖌 2단계 어떻게 표현할지 정하기

시각적 표현	*이미지가 어떻게 보여야 하나요?* 한눈에 누구나 알아볼 수 있게, 단순한 형태의 디자인으로 만들자.
매체 유형 매체명, 표현 기법	*이미지의 느낌을 가장 잘 살릴 수 있는 매체를 선택하세요.* 누구에게나 나눠 주기 쉽고, 단순한 형태로 표현할 수 있는 스티커를 디자인하자.
화면 구성 프레임, 배치, 구도, 시점, 각도	*중심 요소와 주변 요소를 화면에서 얼마나 담고, 어떻게 배치할지 정하세요.*
빛 방향, 강도, 조명, 명암 색상, 대비, 채도	*빛을 이용해 화면에 담은 요소를 더욱 강조해 보세요.*

✨ 프롬프트 완성!

프롬프트	*1~2단계에서 작성한 문장, 단어를 합쳐서 작성하세요.* 녹아내리는 지구 모양의 얼음 위에 북극곰이 서 있다. 북극곰은 슬픈 표정. 스티커 디자인

픽토그램

📋 1단계 무엇을 그릴지 정하기

생각 또는 장면	이미지로 표현하고 싶은 생각은 무엇인가요? 왜 내 가게 앞에서 담배를 피우는 거야? 가게 앞에 금연 사인을 만들어서 붙여야겠어!
중심 요소	생각 또는 장면을 잘 표현할 수 있는 중심 요소를 선정하세요. 금연 구역이라는 것을 직관적으로 표현하자.
	중심 요소를 더 강조해 보세요. 담배와 금지 표시가 잘 보이면 좋겠어.
주변 요소 (배경)	중심 요소만으로 생각이 잘 전달되지 않는다면, 주변 요소를 구체적으로 설정하세요.

🧭 2단계 어떻게 표현할지 정하기

시각적 표현	이미지가 어떻게 보여야 하나요? 국적을 불문하고 누구나 알아볼 수 있는 단순한 디자인이어야 해.
매체 유형 매체명, 표현 기법	이미지의 느낌을 가장 잘 살릴 수 있는 매체를 선택하세요. 그림만으로 의미를 확실히 전달해야 하니까, 픽토그램 스타일로 디자인하자.
화면 구성 프레임, 배치, 구도, 시점, 각도	중심 요소와 주변 요소를 화면에서 얼마나 담고, 어떻게 배치할지 정하세요.
빛 방향, 강도, 조명, 명암 색상, 대비, 채도	빛을 이용해 화면에 담은 요소를 더욱 강조해 보세요. 노란색, 검은색 조합이 눈에도 잘 띄고, 경계심이 드는 색상이지!

✨ 프롬프트 완성!

프롬프트	1~2단계에서 작성한 문장, 단어를 합쳐서 작성하세요. 금연을 표현하는 픽토그램 1: 노란색, 검은색　　　　　　　　　3: 검은색 배경에, 노란 선 2: 노란색, 검은색, 날카로운 디자인　4: 검은색 배경에, 노란 선, 선을 더 두껍게 표현

06-2

감정을 전달하는 캐릭터/이모티콘

캐릭터 디자인은 보는 사람이 캐릭터의 성격을 유추할 수 있도록 개성을 담아 표현해야 합니다. 매체 특성상 3D는 입체적인 표현, 2D는 평면적인 표현을 하며 캐릭터의 개성을 나타내기 위해 현실보다 요소를 과장하거나 오히려 생략합니다.

이모티콘은 주로 메신저에서 사용하는 시각 디자인입니다. 메신저에서 이모티콘을 사용하면 텍스트만으로 표현하지 못하는 감정을 쉽게 전달할 수 있습니다. 따라서 이모티콘을 제작할 때는 '시선을 끌고 인상에 남을 재밌는 모양'과 '전달할 감정'을 분명하게 정해야 합니다. 또한 감정과 잘 어울리는 색감을 선택하는 것도 중요합니다. 이미 존재하는 캐릭터의 표정을 바꿔가면서 이모티콘을 만드는 것도 한 방법입니다.

캐릭터/ 이모티콘에 사용하기 좋은 스타일 키워드	• 애니메이션(animation): 부드러운 색감과 깔끔한 선으로 이루어진 대중적인 애니메이션 영화 스타일 • 클레이메이션(claymation): 점토(클레이)로 직접 빚은 듯한 질감이 살아있는 입체적인 스톱모션 스타일 • 픽셀 아트(pixel art): 네모난 점(픽셀)으로 이루어진 고전 게임 감성의 레트로 스타일 • 스케치(sketch): 연필이나 펜으로 가볍게 그린 듯한 자연스럽고 날것의 느낌 • 만화책(comic book style): 굵은 외곽선과 명암이 강조된 역동적인 만화책 스타일 • 흑백만화(monochrome manga): 톤과 스크린톤을 활용한 흑백 일본 만화 스타일 • 미국풍 만화(american comic style): 사실적인 그림체와 강렬한 색감의 미국 코믹스 스타일 • 일본풍 만화(japanese manga style): 큰 눈과 섬세한 감정 표현이 특징인 일본 만화/애니메이션 스타일

네 컷 만화용 캐릭터

📋 1단계 무엇을 그릴지 정하기

생각 또는 장면	이미지로 표현하고 싶은 생각은 무엇인가요? 네 컷 만화에 들어갈 캐릭터를 디자인해 보자. 일상생활의 재미있는 에피소드를 잘 전달할 수 있도록 친근한 느낌을 주면서, 손으로 쉽게 따라 그려볼 만큼 단순한 디자인의 캐릭터를 만들고 싶어. 아이디어를 얻기 위함이니 구체적인 묘사는 생략하자.
중심 요소	생각 또는 장면을 잘 표현할 수 있는 중심 요소를 선정하세요. 캐릭터의 이목구비가 귀여웠으면 좋겠어.
	중심 요소를 더 강조해 보세요. 인물을 '실루엣 캐릭터(외곽선만으로 형태를 표현하는 캐릭터)' 형식으로 표현할 거야.
주변 요소 (배경)	중심 요소만으로 생각이 잘 전달되지 않는다면, 주변 요소를 구체적으로 설정하세요.

🧭 2단계 어떻게 표현할지 정하기

시각적 표현	이미지가 어떻게 보여야 하나요? 캐릭터를 따라 그리기 쉬울 정도로 단순하게 보이면 어떻게 표현해야 할까?
매체 유형 매체명, 표현 기법	이미지의 느낌을 가장 잘 살릴 수 있는 매체를 선택하세요. 마커 펜으로 스케치한 느낌이 나면 좋겠어.
화면 구성 프레임, 배치, 구도, 시점, 각도	중심 요소와 주변 요소를 화면에서 얼마나 담고, 어떻게 배치할지 정하세요.
빛 방향, 강도, 조명, 명암 색상, 대비, 채도	빛을 이용해 화면에 담은 요소를 더욱 강조해 보세요. 검은 선으로 캐릭터를 최대한 단순하게 표현하자.

✨ 프롬프트 완성!

프롬프트	1~2단계에서 작성한 문장, 단어를 합쳐서 작성하세요. 인물 실루엣 캐릭터, 귀여운 이목구비, 마커펜 스케치, 검은 선으로 캐릭터를 최대한 단순하게 표현

동물병원 마스코트

1단계 무엇을 그릴지 정하기

생각 또는 장면	이미지로 표현하고 싶은 생각은 무엇인가요? 동물병원의 마스코트를 만들어 보자. 병원의 전문성을 나타낼 수 있어야 하니까 똑똑한 느낌을 줬으면 좋겠고, 사랑으로 진료하는 따뜻한 의사의 느낌을 표현하자.
중심 요소	생각 또는 장면을 잘 표현할 수 있는 중심 요소를 선정하세요. 똑똑하고 온순한 골든 리트리버 느낌으로 해볼까? 중심 요소를 더 강조해 보세요. 의사 옷을 입은 골든 리트리버
주변 요소 (배경)	중심 요소만으로 생각이 잘 전달되지 않는다면, 주변 요소를 구체적으로 설정하세요. 청진기를 목에 건 골든 리트리버가 두 발로 서서 한 손을 들며 인사하고 있으면 더 친근해 보이겠지?

2단계 어떻게 표현할지 정하기

시각적 표현	이미지가 어떻게 보여야 하나요? 간판이나 홍보물에 쓰일 수 있으니까, 2D로 단순하게 표현하자.
매체 유형 매체명, 표현 기법	이미지의 느낌을 가장 잘 살릴 수 있는 매체를 선택하세요. 조그마한 2D 캐릭터 일러스트를 그릴 거야.
화면 구성 프레임, 배치, 구도, 시점, 각도	중심 요소와 주변 요소를 화면에서 얼마나 담고, 어떻게 배치할지 정하세요.
빛 방향, 강도, 조명, 명암 색상, 대비, 채도	빛을 이용해 화면에 담은 요소를 더욱 강조해 보세요.

프롬프트 완성!

프롬프트	1~2단계에서 작성한 문장, 단어를 합쳐서 작성하세요. 의사 가운을 입고 청진기를 목에 건 골든 리트리버가 두 발로 서서 한 손을 들며 인사하고 있다. 미니멀한 2D 캐릭터 일러스트 디자인

버추얼 인플루언서

1단계 무엇을 그릴지 정하기

생각 또는 장면	*이미지로 표현하고 싶은 생각은 무엇인가요?* 실제 내 모습을 표현할 수 있게 외형적인 특징이 들어가면 좋을 것 같아. 실제 인물인 것 같기도 하면서, 가상 인물인 것 같기도 한 모습으로 만들어 보자.
중심 요소	*생각 또는 장면을 잘 표현할 수 있는 중심 요소를 선정하세요.* 나와 닮은 인물 캐릭터가 등장할 거야.
	중심 요소를 더 강조해 보세요. 턱수염이 있는 20대 한국 남성이고, 주황색 샤기컷 머리를 한 채 정장을 입고 있어.
주변 요소 (배경)	*중심 요소만으로 생각이 잘 전달되지 않는다면, 주변 요소를 구체적으로 설정하세요.*

2단계 어떻게 표현할지 정하기

시각적 표현	*이미지가 어떻게 보여야 하나요?* 현실에 있을 법한 가상 캐릭터를 만들어 보고 싶어.
매체 유형 매체명, 표현 기법	*이미지의 느낌을 가장 잘 살릴 수 있는 매체를 선택하세요.* 3D 가상 인물 디자인이었으면 좋겠어. DSLR 카메라로 촬영한 느낌이면 어떨까?
화면 구성 프레임, 배치, 구도, 시점, 각도	*중심 요소와 주변 요소를 화면에서 얼마나 담고, 어떻게 배치할지 정하세요.* 인물이 정면을 바라보는 프로파일 샷으로 만들어 보자.
빛 방향, 강도, 조명, 명암 색상, 대비, 채도	*빛을 이용해 화면에 담은 요소를 더욱 강조해 보세요.*

프롬프트 완성!

프롬프트	*1~2단계에서 작성한 문장, 단어를 합쳐서 작성하세요.* 한국 남성, 턱수염이 있는 20대, 주황색 shaggy pixie cut, 정장을 입고 있다. 3D 가상 인물 디자인, DSLR 카메라, 정면을 바라보는 프로파일 샷

게임 캐릭터

1단계 무엇을 그릴지 정하기

생각 또는 장면	*이미지로 표현하고 싶은 생각은 무엇인가요?* 고전 게임 느낌의 단순한 그래픽으로 동양의 검사 캐릭터를 디자인해 보자.
중심 요소	*생각 또는 장면을 잘 표현할 수 있는 중심 요소를 선정하세요.* 한복 차림의 검객이 주인공이야. *중심 요소를 더 강조해 보세요.* 상투 머리, 흰색, 남색 조합의 한복, 수염, 큰 눈, 3등신을 가진 인물이야.
주변 요소 (배경)	*중심 요소만으로 생각이 잘 전달되지 않는다면, 주변 요소를 구체적으로 설정하세요.*

2단계 어떻게 표현할지 정하기

시각적 표현	*이미지가 어떻게 보여야 하나요?* 단순한 디자인의 게임 캐릭터면 좋겠어.
매체 유형 매체명, 표현 기법	*이미지의 느낌을 가장 잘 살릴 수 있는 매체를 선택하세요.* 게임처럼 2D 컴퓨터 그래픽을 사용하면 어떨까? 픽셀 도트면 더 단순해 보이겠지?
화면 구성 프레임, 배치, 구도, 시점, 각도	*중심 요소와 주변 요소를 화면에서 얼마나 담고, 어떻게 배치할지 정하세요.*
빛 방향, 강도, 조명, 명암 색상, 대비, 채도	*빛을 이용해 화면에 담은 요소를 더욱 강조해 보세요.*

프롬프트 완성!

프롬프트	*1~2단계에서 작성한 문장, 단어를 합쳐서 작성하세요.* 상투머리, 흰색, 남색 조합의 한복, 수염, 큰 눈, 환도를 두 손으로 쥐고, 허리춤에 검집을 착용하고 있다. 검을 들고 자세를 취한다. 2D 컴퓨터 그래픽 픽셀 도트 게임 캐릭터 디자인, 3등신(SD, super deformed)

이모티콘

📋 1단계 무엇을 그릴지 정하기

생각 또는 장면	*이미지로 표현하고 싶은 생각은 무엇인가요?* 일상에 있는 친숙한 물건을 이모티콘으로 만들어 보자.
중심 요소	*생각 또는 장면을 잘 표현할 수 있는 중심 요소를 선정하세요.* 물병을 의인화해서 이모티콘을 만들자.
	중심 요소를 더 강조해 보세요. 감정이 드러나는 표정을 넣고, 물병 라벨 대신에 스카프를 둘러서 사람 같은 느낌을 강조해 보자.
주변 요소 (배경)	*중심 요소만으로 생각이 잘 전달되지 않는다면, 주변 요소를 구체적으로 설정하세요.* 시선이 이모티콘에 집중되도록 배경에 아무것도 없게 표현하자.

🧭 2단계 어떻게 표현할지 정하기

시각적 표현	*이미지가 어떻게 보여야 하나요?* 귀엽고 단순한 장난감 같은 디자인으로 친숙한 느낌을 줘야겠어.
매체 유형 매체명, 표현 기법	*이미지의 느낌을 가장 잘 살릴 수 있는 매체를 선택하세요.* 3D 클레이 아트로 표현하자. 아이들이 가지고 노는 컬러 찰흙은 장난감 같은 느낌을 주자. 손으로 만든 듯한 느낌으로 단순한 느낌이 살 것 같아.
화면 구성 프레임, 배치, 구도, 시점, 각도	*중심 요소와 주변 요소를 화면에서 얼마나 담고, 어떻게 배치할지 정하세요.*
빛 방향, 강도, 조명, 명암 색상, 대비, 채도	*빛을 이용해 화면에 담은 요소를 더욱 강조해 보세요.* 흰 배경에 전체적으로 파스텔 톤으로 부드러운 조명으로 표현하고 포인트인 스카프는 황금빛으로 눈에 띄게 표현하자.

✨ 프롬프트 완성!

프롬프트	*1~2단계에서 작성한 문장, 단어를 합쳐서 작성하세요.* 폴리머 클레이*로 만든 투명한 물병 모양의 귀여운 3D 클레이 캐릭터, 금색 스카프를 두르고 행복한 미소를 짓고 있다, 파스텔 컬러 톤으로 표현된 수작업으로 만든 장난감 같은 외관, 부드러운 조명, 깔끔한 흰색 배경을 특징으로 하는 귀여운 스타일로 표현 *폴리머 클레이: 플라스틱 성분으로 만들어진 점토로 다양한 색상과 정교한 표현이 가능하다.

알아 두면 좋아요! 인페인팅 기능으로 이미지의 일부를 수정할 수 있습니다!

이미지의 일부를 수정할 수 있는 인페인팅 기능을 활용해 표정만 바꿔보세요. 자세한 설명은 07-1절의 인페인팅 내용을 참고하세요.

눈물 흘리며 우는 표정(crying face and tears)

화난 표정(angry face)

화난 표정과 몸동작(angry face and action)
몸동작을 추가하면 더 극적으로 감정을 표현할 수 있습니다.

06-3

아이디어 시안을 짤 때 유용한 제품 디자인

제품 디자인을 하려면 시장 조사, 콘셉트 수립, 시안 제작, 디자인 선정, 설계, 제품 렌더링 등의 복잡한 과정을 거쳐야 합니다. 이때 제품 디자인을 위해 AI를 활용해 보세요. 전 과정에 활용하기는 어려울 수 있지만, 디자인 영감을 얻을 때 이미지 생성 AI를 사용하면 효율적입니다.

◆ 포토샵(Photoshop), 캐드(CAD)와 같은 전문 설계 소프트웨어에도 AI 기술을 적용한 다양한 기능이 추가되고 있습니다.

제품 디자인에 활용하면 좋은 키워드	<ul><li>키샷(keyshot): 사실적인 제품 사진 이미지를 만드는 3D 렌더링 프로그램</li><li>3D 맥스(3D MAX): 건축, 인테리어, 게임 등 다방면에 쓰이는 대표 3D 모델링 프로그램</li><li>지브러시(Z-brush): 정교한 캐릭터를 찰흙처럼 빚어내는 디지털 조각(스컬핑) 도구</li><li>언리얼 엔진(Unreal Engine): 극사실적인 고품질 그래픽에 특화된 게임 개발 엔진</li><li>유니티(Unity): 모바일 게임, VR/AR 등 폭넓게 사용되는 대중적인 게임 개발 엔진</li><li>3D 렌더링(3D rendering): 3D 모델을 실감 나는 최종 이미지로 완성하는 작업</li><li>제품 디자인(product design): 제품의 기능과 형태를 보여 주는 깔끔하고 기능적인 디자인 스타일</li><li>산업 디자인 스케치(industrial design sketch): 아이디어 구상 단계의 손으로 그린 듯한 거칠지만 창의적인 스케치</li><li>콘셉트 아트(concept art): 제품의 분위기와 전체적인 느낌을 보여 주는 예술적이고 감성적인 시안</li><li>블루프린트(blueprint): 제품의 구조와 치수를 보여주는 파란 배경에 흰 선으로 된 설계 도면 스타일</li></ul>

디자인 아이디어 얻기

📋 1단계 무엇을 그릴지 정하기

생각 또는 장면	이미지로 표현하고 싶은 생각은 무엇인가요? 이번에 만들 접시 디자인을 참고할 이미지를 만들고 싶어.
중심 요소	생각 또는 장면을 잘 표현할 수 있는 중심 요소를 선정하세요. 난 납작한 형태의 접시를 만들 거야. 중심 요소를 더 강조해 보세요. 모양이 단순하지만 독특하고 세련됐으면 좋겠어.
주변 요소 (배경)	중심 요소만으로 생각이 잘 전달되지 않는다면, 주변 요소를 구체적으로 설정하세요.

🔷 2단계 어떻게 표현할지 정하기

시각적 표현	이미지가 어떻게 보여야 하나요? AI가 아무렇게나 만들어도 되긴 하지만, 이미지를 보고 따라 만들기는 좋게 현실적으로 표현해야 해.
매체 유형 매체명, 표현 기법	이미지의 느낌을 가장 잘 살릴 수 있는 매체를 선택하세요. 사진 스타일(HD photo, High definition photo)로 이미지를 생성해서, 따라 하기 좋은 고화질 이미지를 만들자.
화면 구성 프레임, 배치, 구도, 시점, 각도	중심 요소와 주변 요소를 화면에서 얼마나 담고, 어떻게 배치할지 정하세요.
빛 방향, 강도, 조명, 명암 색상, 대비, 채도	빛을 이용해 화면에 담은 요소를 더욱 강조해 보세요.

✨ 프롬프트 완성!

프롬프트	1~2단계에서 작성한 문장, 단어를 합쳐서 작성하세요. 단순하지만 독특하고 세련된 디자인의 접시, HD photo

무늬 디자인

1단계 무엇을 그릴지 정하기

생각 또는 장면	이미지로 표현하고 싶은 생각은 무엇인가요? 독특한 디자인의 그릇을 만들고 싶어.
중심 요소	생각 또는 장면을 잘 표현할 수 있는 중심 요소를 선정하세요. 납작한 기본 접시에 무늬를 중점적으로 표현해 볼까? 음식의 맛을 더 맛있게 보이게 하면서도 눈에 잘 안 띄는 노란색을 무늬 색상으로 넣어보자.
	중심 요소를 더 강조해 보세요. 내가 좋아하는 얼룩말 패턴을 넣자.
주변 요소 (배경)	중심 요소만으로 생각이 잘 전달되지 않는다면, 주변 요소를 구체적으로 설정하세요. 배경을 어둡게 해서 접시와 무늬가 잘 보이게 강조해야겠어.

2단계 어떻게 표현할지 정하기

시각적 표현	이미지가 어떻게 보여야 하나요? 무늬가 강조되는 스타일은 무엇이 있을까?
매체 유형 매체명, 표현 기법	이미지의 느낌을 가장 잘 살릴 수 있는 매체를 선택하세요. 옷 무늬처럼 반복되는 무늬가 강조되는 텍스타일 디자인(textile design)을 접시에 적용해 보면 어떨까?
화면 구성 프레임, 배치, 구도, 시점, 각도	중심 요소와 주변 요소를 화면에서 얼마나 담고, 어떻게 배치할지 정하세요.
빛 방향, 강도, 조명, 명암 색상, 대비, 채도	빛을 이용해 화면에 담은 요소를 더욱 강조해 보세요.

프롬프트 완성!

프롬프트	1~2단계에서 작성한 문장, 단어를 합쳐서 작성하세요. textile pattern design on dish, white background yellow zebra bold pattern, only use yellow and white, dish is on the dark background

제품의 3D 모델링 시안

📋 1단계 무엇을 그릴지 정하기

생각 또는 장면	*이미지로 표현하고 싶은 생각은 무엇인가요?* 보드게임 대회에 트로피가 필요해. 제품 제작을 의뢰하기 전에 디자인을 만들어 보자.
중심 요소	*생각 또는 장면을 잘 표현할 수 있는 중심 요소를 선정하세요.* 보드게임 느낌이 확실히 났으면 좋겠어. *중심 요소를 더 강조해 보세요.* 보드게임을 상징하는 요소 하나를 심플하게 강조한 크리스털 트로피면 어떨까?
주변 요소 (배경)	*중심 요소만으로 생각이 잘 전달되지 않는다면, 주변 요소를 구체적으로 설정하세요.*

🎨 2단계 어떻게 표현할지 정하기

시각적 표현	*이미지가 어떻게 보여야 하나요?* 실제 제작한 실물 느낌의 이미지여야 해.
매체 유형 매체명, 표현 기법	*이미지의 느낌을 가장 잘 살릴 수 있는 매체를 선택하세요.* 3D 제품 디자인. 프롬프트에 keyshot이라는 3D 모델링 프로그램을 키워드를 넣으면 3D 제품 디자인은 더 사실적으로 표현된다며?
화면 구성 프레임, 배치, 구도, 시점, 각도	*중심 요소와 주변 요소를 화면에서 얼마나 담고, 어떻게 배치할지 정하세요.*
빛 방향, 강도, 조명, 명암 색상, 대비, 채도	*빛을 이용해 화면에 담은 요소를 더욱 강조해 보세요.* 어두운 스튜디오, 위에서 떨어지는 조명을 받아 반짝이는 느낌을 주자.

✨ 프롬프트 완성!

프롬프트	*1~2단계에서 작성한 문장, 단어를 합쳐서 작성하세요.* 보드게임을 상징하는 요소를 하나를 강조한 크리스털 트로피, 어두운 스튜디오에서 high key 조명을 받아 반짝임, 3D rendering using keyshot

티셔츠에 넣을 디자인 도안

📋 1단계 무엇을 그릴지 정하기

생각 또는 장면	*이미지로 표현하고 싶은 생각은 무엇인가요?* 삼촌 음식점을 홍보하는 티셔츠 굿즈를 직접 만들고 싶어. 티셔츠에 들어갈 프린트 이미지를 제작해 보자.
중심 요소	*생각 또는 장면을 잘 표현할 수 있는 중심 요소를 선정하세요.* 시그니처 메뉴인 스테이크를 그려 넣자!
	중심 요소를 더 강조해 보세요. 보는 사람이 군침을 흘릴 수 있게, 스테이크가 이제 막 구워져서 김이 모락모락 나는 모습으로 표현하자.
주변 요소 (배경)	*중심 요소만으로 생각이 잘 전달되지 않는다면, 주변 요소를 구체적으로 설정하세요.* 가장 맛이 기대되는 순간은 음식을 입에 집어넣기 직전인 것 같아! 먹기 직전에 포크로 찍어 든 스테이크를 표현하자.

🧭 2단계 어떻게 표현할지 정하기

시각적 표현	*이미지가 어떻게 보여야 하나요?* 실제 음식을 찍은 것같이 생생했으면 좋겠고, 티셔츠가 세로로 기니까 이미지도 세로로 길게 만들자.
매체 유형 매체명, 표현 기법	*이미지의 느낌을 가장 잘 살릴 수 있는 매체를 선택하세요.* DSLR 카메라로 찍은 고화질 사진 느낌으로 만들고 싶어.
화면 구성 프레임, 배치, 구도, 시점, 각도	*중심 요소와 주변 요소를 화면에서 얼마나 담고, 어떻게 배치할지 정하세요.* 단순하고 대칭적인 구도로 확대된 사진이면 좋겠어. 또 이미지는 세로로 길어야 해.
빛 방향, 강도, 조명, 명암 색상, 대비, 채도	*빛을 이용해 화면에 담은 요소를 더욱 강조해 보세요.* 티셔츠로 제작했을 때 시선이 고기로 쏠리게 하려고 티셔츠 색상과 배경 색상을 모두 검은색으로 어둡게 맞추자.

✨ 프롬프트 완성!

프롬프트	*1~2단계에서 작성한 문장, 단어를 합쳐서 작성하세요.* 완벽하게 구워진 미디엄 레어 스테이크가 바삭하게 그을린 겉면과 촉촉한 붉은 속살을 드러내며 하얀 김이 모락모락 피어난다. 은색 포크가 스테이크 한가운데를 수직으로 꿰뚫은 채 중앙에 놓여 있으며, 어두운 검정 배경과 조명이 고기의 질감을 한층 돋보이게 하는, 스테이크와 포크만을 강조한 미니멀하고 대칭적인 구도의 고해상도 클로즈 업 사진

알아 두면 좋아요! 만든 이미지를 활용해 굿즈로 제작해 보세요!

마플(marpple.com)과 같은 굿즈 제작 웹 사이트에서 내가 만든 이미지를 디자인으로 사용할 수 있습니다. 여러분도 이미지 생성 AI로 만든 이미지를 굿즈로 제작해 보세요.

만든 이미지를 굿즈로 제작한 모습

06-4

글의 이해를 돕는 삽화

삽화(일러스트)는 책, 발표 자료, 잡지, 신문, 광고 등에서 본문의 이해를 돕거나 글을 강조하기 위한 목적으로 사용하는 이미지입니다. 따라서 삽화로 사용되는 이미지를 생성할 때는 이미지가 글의 어떤 내용을 강조할 것인지를 중심으로 프롬프트를 작성해야 합니다.

특히, 백 번 설명하는 것보다 한 번 보는 것이 낫다는 옛 속담처럼 글로 길게 풀어 설명해야 하는 상황에서 적절한 이미지를 보여주는 것은 내용 전달에 큰 도움이 됩니다.

삽화에 활용하면 좋은 키워드	• **식물/동물 도감**(illustrated plant/animal guide): 백과사전처럼 대상을 세밀하고 정확하게 묘사하는 학술적인 스타일 • **애니메이션**(animation): 대상을 단순화하고 친근하게 표현하는 부드러운 애니메이션 스타일 • **신문**(newspaper): 흑백 잉크로 인쇄된 듯한 낡고 빈티지한 신문 기사 삽화 스타일 • **고대지도**(mythological map): 양피지에 손으로 그린 듯한 오래된 판타지 지도 스타일 • **보이니치 문서**(voynich manuscript): 의미를 알 수 없는 문자와 기호로 가득한 신비롭고 고풍스러운 문서 스타일 • **등축투영도**(isometric): 건물이 입체적이면서도 왜곡 없이 표현되는 깔끔하고 정돈된 스타일 • **설계도**(blueprint): 파란 배경에 흰 선으로 구조를 표현하는 기술적이고 정교한 도면 스타일 • **설명서**(instruction manual): 조립 과정이나 사용법을 단순한 그림으로 설명하는 정보 전달에 특화된 스타일 • **특허 도면**(patent drawing): 발명품의 구조와 작동 원리를 선으로만 명확하게 묘사하는 스타일 • **분해도**(exploded view): 기계나 제품의 부품들을 분해하여 공중에 띄워놓아 내부 구조를 보여주는 스타일

발표 자료용 이미지

📋 1단계 무엇을 그릴지 정하기

생각 또는 장면	*이미지로 표현하고 싶은 생각은 무엇인가요?* 발표의 내용을 이해하기 쉽게, 발표 자료용 이미지를 만들자.
중심 요소	*생각 또는 장면을 잘 표현할 수 있는 중심 요소를 선정하세요.* '챗GPT가 이미지를 생성하는 원리'에 대해 발표할 거야. 챗GPT의 특성을 먼저 생각해 보면, 챗GPT는 입력받은 프롬프트를 이미지 생성 AI에 전달하고, 이미지 생성 AI가 생성한 결과물을 사용자에게 전달하는 방식으로 작동해. 이 내용을 캐릭터들이 행동하는 모습을 담으면 이해가 잘 되겠다! *중심 요소를 더 강조해 보세요.* 챗GPT가 로봇 모습을 한 이미지 생성 AI에게 그림을 그려달라고 요청하는 중이야. 원하는 그림을 말로 설명하고 있어.
주변 요소 (배경)	*중심 요소만으로 생각이 잘 전달되지 않는다면, 주변 요소를 구체적으로 설정하세요.* 챗GPT의 요청에 따라 일하는 이미지 생성 AI가 등장해야겠지? 또 실제 그림을 그려 주는 것처럼 이젤, 캔버스도 넣자! 지시 사항은 말풍선으로 보여주면 좋겠어.

🧭 2단계 어떻게 표현할지 정하기

시각적 표현	*이미지가 어떻게 보여야 하나요?* 입체감 있고 아기자기한 느낌이었으면 해.
매체 유형 매체명, 표현 기법	*이미지의 느낌을 가장 잘 살릴 수 있는 매체를 선택하세요.* 클레이 아트 느낌이면 어떨까?
화면 구성 프레임, 배치, 구도, 시점, 각도	*중심 요소와 주변 요소를 화면에서 얼마나 담고, 어떻게 배치할지 정하세요.* 아이소메트릭* 느낌으로 해 보자. *아이소메트릭: 입체적인 대상물을 표현하는 기법으로 3차원 개체를 2차원으로 시각적으로 표현
빛 방향, 강도, 조명, 명암 색상, 대비, 채도	*빛을 이용해 화면에 담은 요소를 더욱 강조해 보세요.*

✨ 프롬프트 완성!

프롬프트	*1~2단계에서 작성한 문장, 단어를 합쳐서 작성하세요.* 챗GPT와 이미지 생성 AI, 챗GPT는 팔짱을 끼고 이미지 생성 AI에게 그림을 그려 달라고 말을 하며 지켜본다. 챗GPT 머리 위에는 말풍선이 있고, 말풍선에는 그림(빈센트 반 고흐 화풍의 태양 그림)이 그려져 있다. 로봇(이미지 생성 AI)은 챗GPT가 말하는 내용(빈센트 반 고흐 화풍의 태양 그림)을 이젤 위 캔버스에 붓을 들고 열심히 그림을 그린다. 캔버스 위 그림은 챗GPT가 그려 달라고 한 그림이 그려져 있다. 아이소메트릭, 클레이아트.

발표 자료 사용 예시

SNS에 공유할 레시피 콘텐츠

1단계 무엇을 그릴지 정하기

생각 또는 장면	*이미지로 표현하고 싶은 생각은 무엇인가요?* 떡볶이 만드는 레시피를 사진과 함께 정리하고 싶어.
중심 요소	*생각 또는 장면을 잘 표현할 수 있는 중심 요소를 선정하세요.* 떡볶이 만드는 단계를 생각해서, "재료 → 양념장 → 조리 → 완성" 순서로 각 단계의 이미지를 준비해야겠다. *중심 요소를 더 강조해 보세요.* 재료: 떡, 어묵, 대파, 물 양념장: 설탕, 고춧가루, 고추장, 간장 조리: 파를 제외한 재료를 모두 넣고 걸쭉해질 때까지 끓인다. 파는 마지막에 넣는다. 완성: 꾸며진 떡볶이 사진
주변 요소 (배경)	*중심 요소만으로 생각이 잘 전달되지 않는다면, 주변 요소를 구체적으로 설정하세요.* 재료는 손질해서 준비한 모습과 분량을 확인할 수 있게 각각 이미지를 만들고 양념장은 섞어서 사용하니까, 이것을 암시하기 위해 한 그릇에 담아 섞기 직전의 모습으로 표현해야겠어.

2단계 어떻게 표현할지 정하기

시각적 표현	이미지가 어떻게 보여야 하나요? 각 단계의 이미지를 각각 생성하고 보는 사람이 따라 하기 편하게 조리 순서에 따라 이미지를 배치하자.
매체 유형 매체명, 표현 기법	이미지의 느낌을 가장 잘 살릴 수 있는 매체를 선택하세요. 잡지에 실린 푸드 아트 스타일의 사진
화면 구성 프레임, 배치, 구도, 시점, 각도	중심 요소와 주변 요소를 화면에서 얼마나 담고, 어떻게 배치할지 정하세요. 모든 과정에서 눈으로 직접 보는 느낌을 연출하기 위해, 조감도(시점, 각도도)로 표현해 볼까?
빛 방향, 강도, 조명, 명암 색상, 대비, 채도	빛을 이용해 화면에 담은 요소를 더욱 강조해 보세요. 모든 단계가 깔끔하게 강조되어 보이도록, 흰 배경 위에서 촬영한 모습으로 연출하자.

✨ 프롬프트 완성!

1~2단계에서 작성한 문장, 단어를 합쳐서 작성하세요.

프롬프트

재료
가래떡 300g, 조감도 각도로 촬영한 사진, 풀 샷,
매우 흰 배경의 밝은 스튜디오에서 촬영

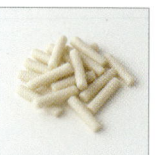

어묵 100g, 조감도 각도로 촬영한 사진, 풀 샷,
매우 흰 배경의 밝은 스튜디오에서 촬영

어슷썰기한 대파 한 줌, 조감도 각도로 촬영한 사진, 풀 샷,
매우 흰 배경의 밝은 스튜디오에서 촬영

흰 종이컵에 담긴 물 1컵, 조감도 각도로 촬영한 사진, 풀 샷,
매우 흰 배경의 밝은 스튜디오에서 촬영

프롬프트	**양념장** 흰 사발 안에 담긴 섞기 전의 양념장 재료, 설탕 4T, 간장 2T, 고추장 1T 고춧가루 1T, 조감도 각도로 촬영한 사진, 풀 샷, 매우 흰 배경의 밝은 스튜디오에서 촬영  **조리 과정** 떡볶이를 만들기 위해 가래떡, 어묵, 양념장(고추장, 고춧가루, 간장, 설탕)을 냄비에 넣고 끓이기 시작한 모습, 아직 양념장이 다 풀리지 않고. 물이 끓지 않아 재료가 투명하게 보인다, 조감도 각도로 촬영한 사진, 풀 샷, 매우 흰 배경의 밝은 스튜디오에서 촬영  떡, 어묵이 들어간 떡볶이 조리 중간의 모습, 재료에 양념의 색이 배고 국물도 걸쭉해졌다, 어슷썰기한 대파를 이제 막 투입한 장면, 조감도 각도로 촬영한 사진, 양 손잡이가 달린 스테인리스 냄비 안을 클로즈 업하여 촬영, 매우 흰 배경의 밝은 스튜디오에서 촬영  **완성** 떡, 어묵, 대파가 들어간 떡볶이 조리 완성 모습, 대파는 어슷썰기 했고 숨이 죽었다, 떡볶이가 어울리는 접시에 푸드 아트 스타일 플레이팅하여 촬영, 매우 흰 배경의 밝은 스튜디오에서 촬영 

레시피 사용 예시

생성된 이미지를 배치하고 텍스트를 넣는 것만으로 디자인이 완성됩니다.

◆ 레시피 디자인을 만드는 일련의 과정은 07-2절의 실습을 참고해 보세요.

카드뉴스에 넣을 인포그래픽

📋 1단계 무엇을 그릴지 정하기

생각 또는 장면	*이미지로 표현하고 싶은 생각은 무엇인가요?* 뉴스 기사의 내용을 시각적으로 한눈에 이해할 수 있게 인포그래픽을 만들자.
중심 요소	*생각 또는 장면을 잘 표현할 수 있는 중심 요소를 선정하세요.* '방통위, 이용자 보호 위한 생성형 AI 서비스 가이드라인 발표'라는 제목의 뉴스에 쓰일 거야. 핵심 키워드는 '이용자 정보'와 '보호'야.
	중심 요소를 더 강조해 보세요. 정보와 정보를 보호라는 추상적 개념을 방패를 통해 시각적으로 형상화해 보자. 정보를 방패가 보호하는 모습이면 어떨까?
주변 요소 (배경)	*중심 요소만으로 생각이 잘 전달되지 않는다면, 주변 요소를 구체적으로 설정하세요.* 정보라는 개념을 더 잘 표현하기 위해 가상 세계를 배경으로 표현하자.

🚀 2단계 어떻게 표현할지 정하기

시각적 표현	*이미지가 어떻게 보여야 하나요?* 현실 세계에 있는 사물을 표현한 것이 아니니까, 추상적인 것을 표현하기 좋은 매체는 뭐가 있을까?
매체 유형 매체명, 표현 기법	*이미지의 느낌을 가장 잘 살릴 수 있는 매체를 선택하세요.* 디지털 아트 중에서도 정보를 그래픽으로 표현한 인포그래픽을 이용하자.
화면 구성 프레임, 배치, 구도, 시점, 각도	중심 요소와 주변 요소를 화면에서 얼마나 담고, 어떻게 배치할지 정하세요.
빛 방향, 강도, 조명, 명암 색상, 대비, 채도	빛을 이용해 화면에 담은 요소를 더욱 강조해 보세요.

✨ 프롬프트 완성!

프롬프트	*1~2단계에서 작성한 문장, 단어를 합쳐서 작성하세요.* 정보를 방패가 보호하는 장면, 가상 세계를 표현한 디지털아트, 인포그래픽

   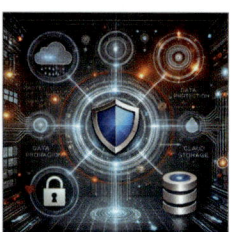

블로그 글에 넣을 삽화

📋 1단계 무엇을 그릴지 정하기

생각 또는 장면	*이미지로 표현하고 싶은 생각은 무엇인가요?* 토마호크 스테이크를 처음으로 먹었어. 너무 맛있었어. 이 내용이 잘 표현된 이미지를 만들어 볼까?
중심 요소	*생각 또는 장면을 잘 표현할 수 있는 중심 요소를 선정하세요.* 토마호크 스테이크를 먹는 사람이 등장했으면 좋겠어. *중심 요소를 더 강조해 보세요.* 10대 어린이가 양손에 토마호크 스테이크를 들고, 놀란 표정으로 뜯어먹고 있어.
주변 요소 (배경)	*중심 요소만으로 생각이 잘 전달되지 않는다면, 주변 요소를 구체적으로 설정하세요.*

🧭 2단계 어떻게 표현할지 정하기

시각적 표현	*이미지가 어떻게 보여야 하나요?* 다양한 매체 스타일로 표현해 볼까?
매체 유형 매체명, 표현 기법	*이미지의 느낌을 가장 잘 살릴 수 있는 매체를 선택하세요.* 크레파스로 그린 손 그림, 스티커 디자인, 2D 픽셀아트, 3D 클레이메이션
화면 구성 프레임, 배치, 구도, 시점, 각도	*중심 요소와 주변 요소를 화면에서 얼마나 담고, 어떻게 배치할지 정하세요.*
빛 방향, 강도, 조명, 명암 색상, 대비, 채도	*빛을 이용해 화면에 담은 요소를 더욱 강조해 보세요.*

✨ 프롬프트 완성!

프롬프트	*1~2단계에서 작성한 문장, 단어를 합쳐서 작성하세요.* 10대 어린이가 잘 익은 토마호크 스테이크를 들고, 맛있게 뜯어먹고 있다. [매체 유형] ❶ 크레파스로 그린 손 그림　　❷ 스티커 디자인 ❸ 2D 픽셀아트　　❹ 3D 클레이메이션

07장

생성한 이미지, 다양하게 활용하기

AI로 멋진 이미지를 생성했지만, 혹시 2% 부족하다고 느끼진 않았나요? 때로는 이미지의 특정 부분만 살짝 고치고 싶고, 때로는 멈춰 있는 장면에 움직임을 더하고 싶을 때도 있습니다. 그림만으로는 전달하기 힘든 정확한 정보나 메시지를 담아야 할 때도 있죠. 07장에서는 생성한 이미지를 '훌륭한 재료'로 삼아 이러한 한계를 극복하고 더 완벽한 '요리'로 완성하는 전문가의 기술들을 소개합니다. 이미지의 부족함을 채우고 숨겨진 키워드를 배우며 디자인과 영상을 넘나드는 다채로운 활용법을 통해 여러분의 창의력을 마음껏 펼쳐 보세요.

07-1   이미지의 부족함을 채워 줄 인페인팅/아웃페인팅

07-2   이미지로 키워드를 배우자! 리버스 프롬프팅

07-3   캔바를 활용해 시각 디자인 자료 만들기

07-4   이미지를 동영상으로, 이미지 투 비디오 AI 맛보기

07-1

이미지의 부족함을 채워 줄 인페인팅/아웃페인팅

AI가 생성한 이미지가 내 생각과 비슷하게 나오긴 했는데, 약간 아쉬움이 남을 때가 있나요? 생성한 이미지의 일부만 수정하고 싶거나, 좀 더 배경을 확장하고 싶은 생각이 든다면 **인페인팅**과 **아웃페인팅** 기능을 활용해 보세요.

인페인팅과 아웃페인팅

인페인팅(inpainting)은 이미지의 일부분을 수정할 때 유용한 기능입니다. 이미지에서 수정하고 싶은 부분을 선택하고 해당 부분을 어떻게 채워 넣을지 프롬프트를 작성하면 됩니다.

인페인팅 기능으로 이미지 안의 요소를 바꾼 모습

아웃페인팅(outpainting)은 이미지의 바깥 영역을 확장해서 새로운 요소를 채우고 싶을 때 사용하는 기능입니다.

> 아웃페인팅으로 현재 화면에 담기지 않은 영역을 확장하여 생성할 수 있습니다. AI에게 해당 영역에 공룡을 넣어달라고 한 결과물이에요.

아웃페인팅 기능으로 이미지 바깥의 요소를 추가한 모습

하면 된다! } 챗GPT에서 인페인팅으로 이미지 수정하기

챗GPT의 무료 버전으로도 인페인팅 기능을 이용할 수 있습니다. 무료 이용자는 유료 이용자보다 이미지 생성에 대기시간이 있다는 점을 제외하고 품질 차이가 없습니다. 간편하게 이미지를 수정하는 손쉬운 방법을 알아보겠습니다.

1 챗GPT(chatgpt.com)에 접속한 후 수정하고 싶은 **이미지 파일**을 챗GPT 창에 끌어다 놓으면 됩니다. 또는 프롬프트 창의 ➕를 누르고 **[사진 및 파일 추가]**를 눌러 이미지를 추가해도 됩니다.

> 이미지 파일을 챗GPT 화면에 바로 끌어다 놓아도 됩니다.

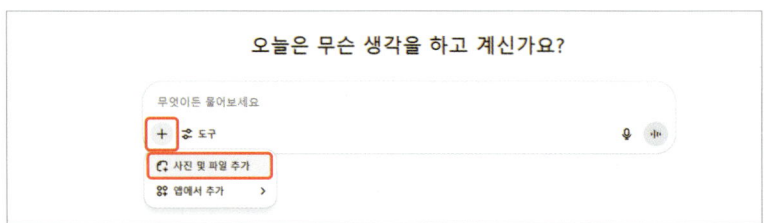

2 올린 이미지를 어떻게 수정할 건지 프롬프트를 입력하세요. **이 이미지를 수정해서 캐릭터가 박장대소하는 표정과 몸짓을 추가로 표현해 줘**라고 입력했습니다. 입력을 마친 후 ⬆를 누르거나 Enter 를 누릅니다.

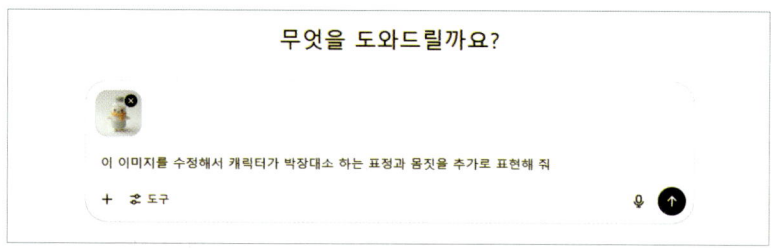

3 그러고 나면 '이미지 처리 중'이라는 문구가 뜨며 이미지 생성이 시작됩니다.

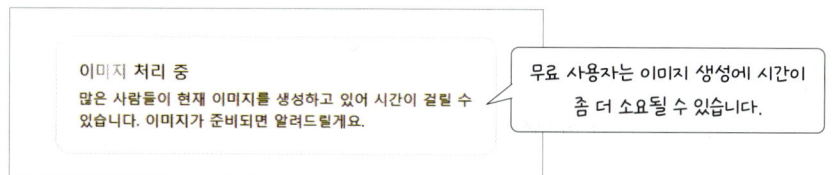

4 이미지가 완성되었습니다. 만족스러운 결과가 나왔다면 [저장 ⬇]을 눌러 이미지를 내려받으면 됩니다.

하면 된다! } 챗GPT에서 이미지의 특정 부분을 콕 집어 수정하기

만약 만든 이미지를 살짝 수정해야 한다면 어떻게 해야 할까요? 이때 챗GPT로 생성한 이미지에서 고치고 싶은 부분을 콕 집어 수정할 수 있습니다.

1 챗GPT에서 앞서 생성한 이미지를 클릭합니다.

2 이미지를 클릭한 순간 캔버스 모드에 들어가집니다. 오른쪽 위의 메뉴 중 [선택 🖌]을 누르세요. 그러면 마우스 커서가 이미지에서 수정할 영역을 선택할 수 있는 브러시로 바뀝니다.

3 ❶ 이 브러시를 사용해 화면에서 수정하고 싶은 영역을 칠합니다. 이어서 프롬프트 창에는 선택할 영역을 어떻게 수정할 건지 프롬프트를 입력하세요. ❷ **생일 초가 켜져 있는 화려한 초콜릿 케이크를 들고 있다**라고 입력한 후 Enter 를 누릅니다.

4 이미지 수정이 완료되었습니다.

알아 두면 좋아요! 챗GPT에서도 아웃페인팅을 할 수 있어요!

챗GPT가 아웃페인팅에 최적화된 도구는 아니라 추천하진 않습니다. 그래도 간단한 아웃페인팅 기능을 사용해 볼 수는 있습니다.
앞서 진행했던 실습처럼 이미지를 업로드하고 수정하고 싶은 내용을 프롬프트 창에 작성하기만 하면 됩니다.
단, 원본 사진을 그대로 옮겨서 이미지를 확장하면 좋겠지만 때로는 원본 사진과 조금은 다른 모습이 생성될 수도 있다는 점을 염두에 둬야 합니다.

원본 그대로 옮겨 확장한 이미지는 아니지만 그래도 만족하고 사용할만한 그림이 나왔습니다.

하면 된다! } 프롬 AI에서 아웃페인팅으로 이미지의 바깥 부분 그리기

앞선 예시에서 챗GPT로 아웃페인팅을 요청하면 원본 이미지가 임의로 살짝 바뀌어 버려서 아쉬운 경우가 있습니다. 또 화면에서 원본 이미지를 어떻게 배치할 건지 설정할 수 없어서 아쉬운 점도 있고요. 원본을 고스란히 유지하면서 원본 이미지를 원하는 위치에 배치하는 아웃페인팅은 **프롬 AI**(PromeAI) 서비스를 추천합니다.

◆ 프롬 AI에 관한 설명은 02-3에서 다뤘습니다.

1 프롬 AI(promeai.pro)로 접속합니다. 맨 위 메뉴에서 ❶ [AI Tools]를 선택하고 ❷ [Outpainting]을 누릅니다.

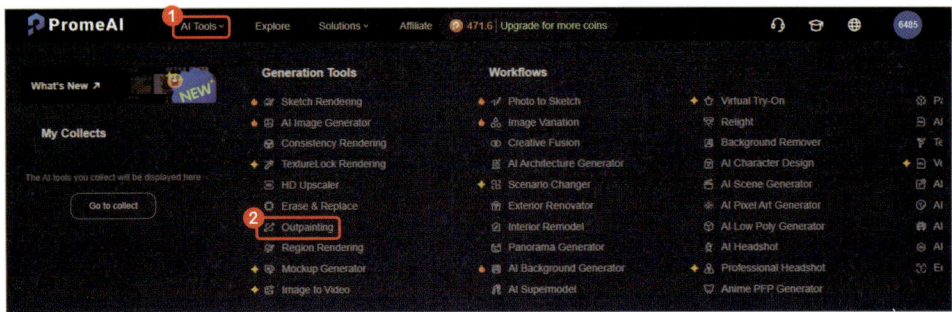

2 Outpainting 기능 화면으로 들어갔다면, 수정하려는 이미지 파일을 프롬 AI 화면에 끌어다 놓아 올립니다. 한 번에 한 파일만 올릴 수 있습니다.

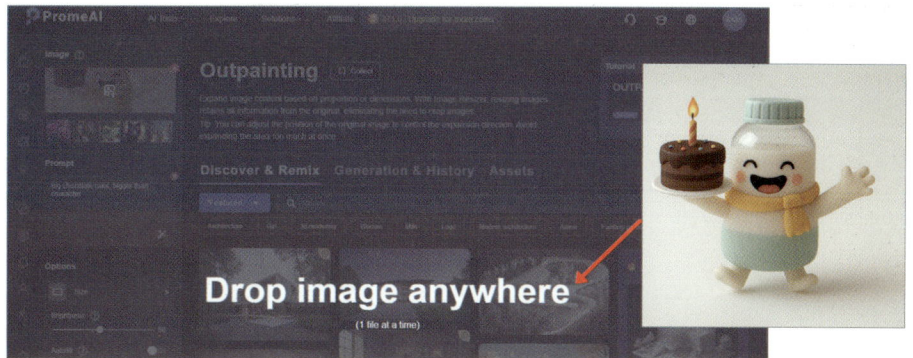

3 캔버스 위에 올라간 이미지를 클릭하면 이미지의 크기를 조절할 수 있습니다. 회색 체크무늬로 된 부분은 AI가 새로 그림 그려줄 영역이므로 화면 안에서 이미지가 어떤 크기로 나오면 좋을지 상상하면서 크기를 바꿔 보세요.

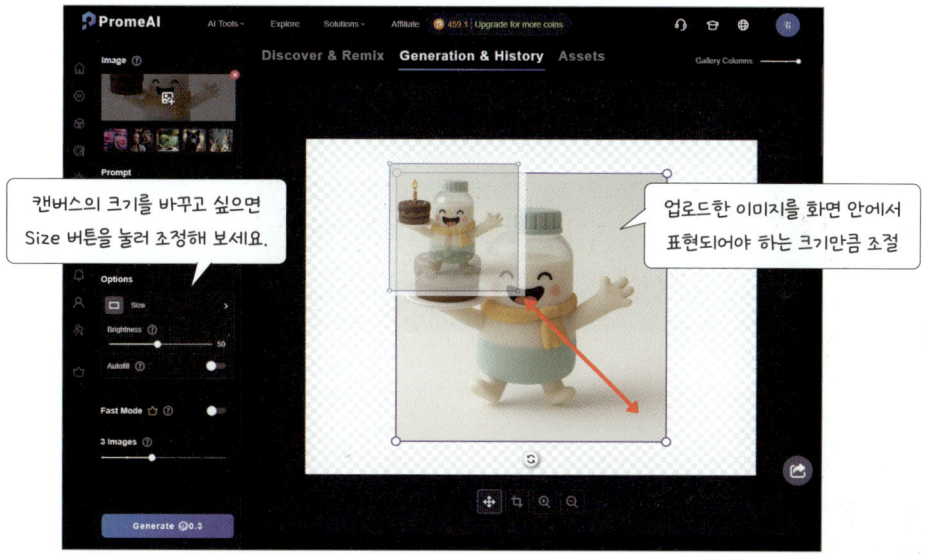

4 이제 이미지의 위치를 조정해 보겠습니다. 캔버스 안에서 원본 이미지가 어떻게 배치되면 좋을지 상상하면서 위치를 바꿔 보세요.

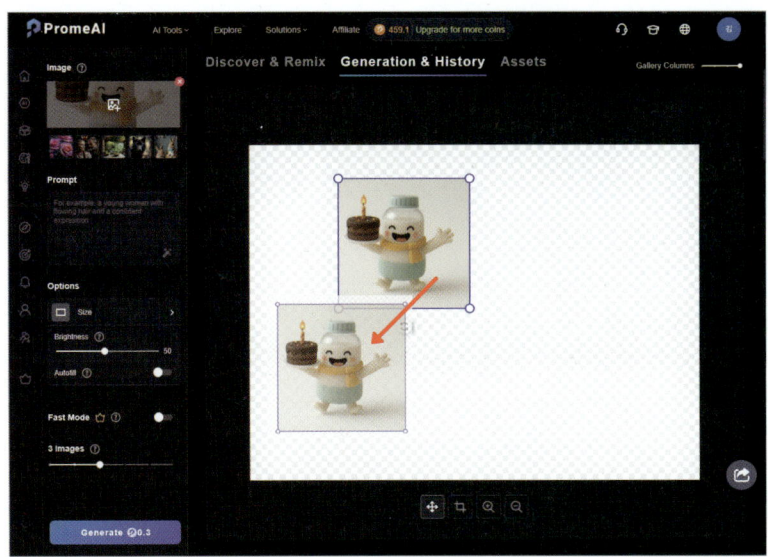

5 이어서 프롬프트 입력 창에 새로 생성할 내용을 작성하세요. ❶ Big chocolate cake, bigger than character로 입력했습니다. ❷ 맨 아래 [Generate]를 누릅니다.
◆ 조금 더 구체적인 상황을 묘사하기 위해 영어로 프롬프트를 작성했습니다.

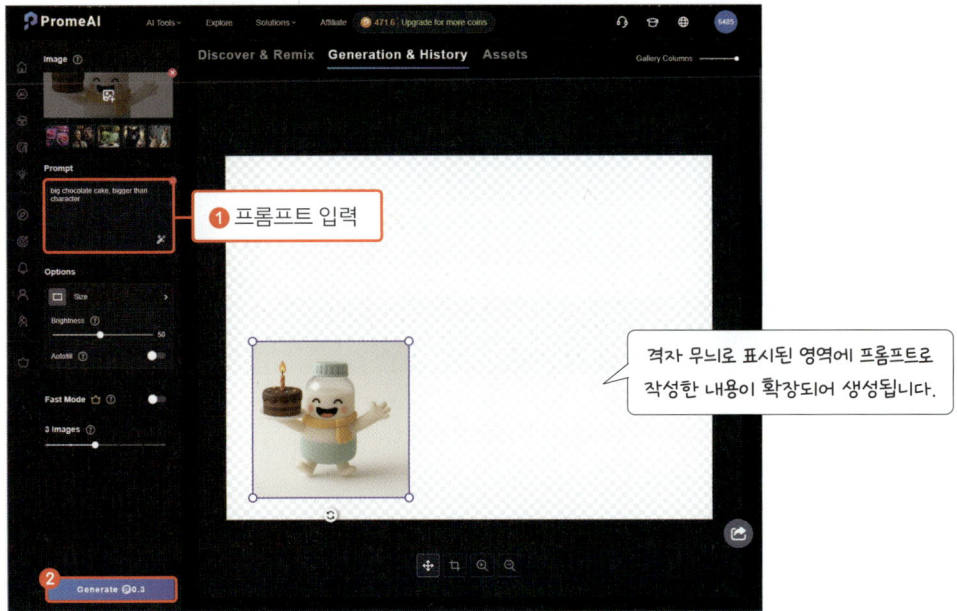

6 이미지가 생성된 결과입니다. 마음에 드는 이미지를 선택하고 [다운로드 ⬇]를 눌러 이미지를 컴퓨터에 저장할 수 있습니다.

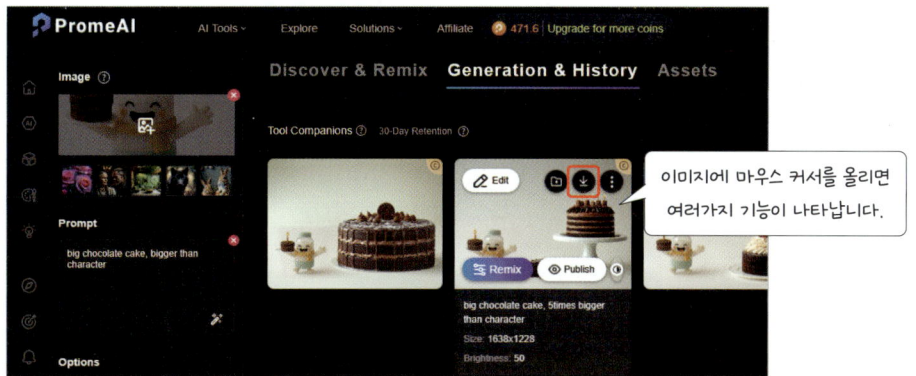

이미지에 마우스 커서를 올리면 여러가지 기능이 나타납니다.

✨ 프롬프트와 결과물

Big chocolate cake, bigger than character

아웃페인팅으로 확장되어 생성된 이미지

원본 이미지

07-2

이미지로 키워드를 배우자!
리버스 프롬프팅

지금까지 수많은 키워드와 활용 방법을 소개했지만, 여러분의 큰 생각을 모두 담기에는 지면에서의 한계가 있습니다. 분명 여러분이 표현하고 싶은 생각을 담은 키워드를 이 책에서 모두 찾기란 불가능에 가까울 거예요.

또한 웹 서핑을 하다가 '이런 이미지를 만들고 싶은데 어떤 프롬프트를 써서 만들었을까?' 하는 생각이 들 때도 있습니다. 그래서 표현하고 싶은 키워드를 찾아내는 비밀을 알려드립니다. 바로 **리버스 프롬프팅**(reverse prompting)입니다.

키워드 추출의 비밀, 리버스 프롬프팅!

리버스 프롬프팅이란 AI에게 이미지를 보여주고 "이 이미지를 만들려면 어떤 프롬프트가 필요할까?"라고 역으로 물어보는 기술입니다. AI가 마치 **이미지를 언어로 번역하는 '전문 번역가'**가 되어 그림 속에 숨겨진 스타일과 구도, 분위기를 키워드로 추출해 주는 것이죠.

리버스 프롬프팅을 하게 되면 키워드 확장 측면에서 내가 몰랐던 새로운 스타일, 화풍, 조명 기법의 키워드를 계속해서 발견할 수 있습니다. 또한 고수들의 작품(프롬프트)이 어떤 키워드의 조합으로 이루어져 있는지 그 레시피를 분석하고 배울 수 있죠. 무엇보다 막연하게 좋다고 느꼈던 이미지의 매력 포인트를 구체적인 언어로 정리하며 새로운 창작 아이디어를 얻을 수 있습니다.

이제 간단한 실습으로 리버스 프롬프팅을 체험해 보겠습니다.

하면 된다! } 챗GPT로 리버스 프롬프팅하기

챗GPT의 이미지 인식 기능을 활용하여 멋진 이미지 속에 숨겨진 프롬프트를 찾아내고, 그것을 나만의 작품으로 재창조하는 전 과정을 단계별로 알아보겠습니다.

1 분석하고 싶은 타깃 이미지 정하기

먼저 여러분의 마음에 든 이미지를 찾아보세요. 핀터레스트, 인스타그램 등 어디서든 좋습니다. 여기서는 제가 예시로 만든 헬멧 이미지를 사용해 보겠습니다. 이 이미지의 '소재' 키워드가 무엇인지 알아내는 것이 우리의 목표입니다.

2 챗GPT에 키워드 물어보기

❶ 가져온 이미지를 챗GPT에 올린 후 궁금한 부분을 물어 보세요. ❷ **이 사진에 보이는 소재를 뭐라고 표현해?** 라고 물어봤습니다.

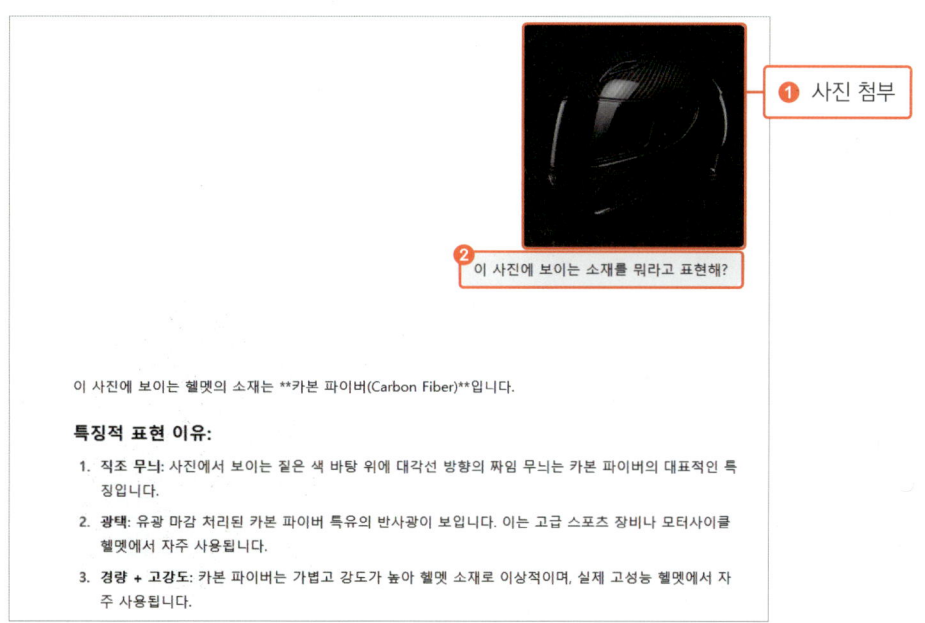

07장 ✦ 생성한 이미지, 다양하게 활용하기   **177**

3 키워드에 관한 다양한 표현 방법 물어보기

이 프롬프트에 쓰인 소재는 '카본 파이버'라는 것이었습니다. 챗GPT에게 느낌을 표현해 달라고 요청할 수 있습니다. **위 사진과 같은 카본 파이버의 느낌을 글로 어떻게 묘사할 수 있어?**라고 물어보겠습니다.

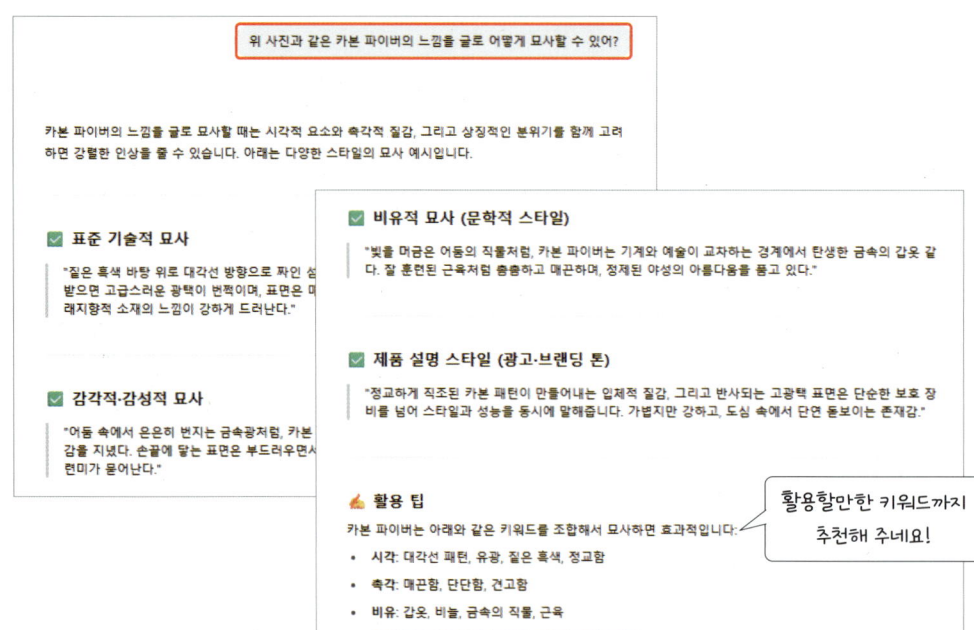

4 키워드 조합해 이미지 생성하기

지금까지 알아낸 정보를 토대로 키워드를 조합해 새로운 이미지를 만들어 보겠습니다. 카본 파이버 소재의 가방을 만들어 볼게요.

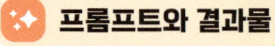
프롬프트와 결과물

어둠 속에서 은은히 번지는 금속광처럼, 카본 파이버의 표면은 얼핏 보면 섬세한 비늘을 덮은 듯한 질감을 지녔다. 손끝에 닿는 표면은 부드러우면서도 단단한 긴장감을 품고 있으며, 도시적이고 강렬한 세련미가 묻어난다.
위와 같은 소재로 된 백팩 그려줘, 광택을 더 강조해 줘, 배경은 흰색

07-3
캔바를 활용해 시각 디자인 자료 만들기

여태까지 이미지 생성 AI와 함께 내 머릿속 생각이나 장면을 이미지로 생생히 옮겨 놓는 방법을 알아보았습니다. 그런데 이미지에 따라서 보는 사람마다 다르게 해석할 수 있고, 그림만으로 정확한 정보를 표현하기에는 한계가 있는 것도 사실입니다. 그림만으로 모든 생각을 오차 없이 타인에게 전달할 수 있었다면 우리는 글자 없는 세상에 살고 있었겠죠.

여기서는 정확한 정보 전달을 목적으로 하는 글자가 있는 시각 디자인을 이미지 생성 AI와 함께 만들어 나가는 연습을 해보겠습니다. 디자인 도구를 사용해서 AI로 생성한 이미지와 글자, 도형 요소 등을 사용해 편집된 결과물로 만듭니다. 만약 다룰 줄 아는 디자인 도구가 없다면 여기서 소개하는 무료 디자인 편집 도구, 캔바를 사용해 보세요.

무료 디자인 도구, 캔바를 소개합니다

화면에 이미지, 도형, 글자 등을 넣어 손쉽게 편집할 수 있는 무료 디자인 도구 **캔바**(Canva)를 소개합니다.

캔바는 클릭하고 드래그하는 것만으로도 프로 수준의 디자인을 뚝딱 완성할 수 있게 도와줍니다. 다양한 템플릿, 아이콘, 글꼴 덕분에 디자인이 훨씬 쉬워지고 이미지를 더 돋보이게 꾸미거나 원하는 용도에 맞게 조정하는 작업도 간편하죠. 게다가 무료로 사용할 수 있는 기능이 많아 부담 없이 시작할 수 있다는 점도 큰 매력입니다.

캔바를 활용해서 글자가 있는 디자인을 간편하게 만드는 방법을 알아보겠습니다.

◆ 캔바 서비스는 로그인 이후에 일정 부분 무료로 사용할 수 있습니다. 캔바의 가입 방법 등은 책에서 따로 다루지 않습니다.

하면 된다! } 캔바로 간단한 만화 만들기

챗GPT의 이미지 생성 기능이 좋아지면서 이미지 안에 글자를 넣기 시작했지만 불안정한 부분이 있습니다. 그래서 아직은 이미지를 만들고, 디자인 도구를 활용해 글자를 추가하는 방법이 조금 더 안정적입니다. 캔바로 간단한 만화를 만들어 보겠습니다.

1 장면 구상하고 프롬프트 작성하기

독수리 오형제라는 만화의 한 장면을 패러디해 보았습니다. 동굴에 갇혀 있는 동생들과 그들을 구하러 온 큰 형이 처음 만났을 때 장면입니다.

✦ 프롬프트와 결과물

> 90년대 컬러 만화 화질, 누나와 중학생 정도의 남자아이가 정면을 바라보고 있다. 화면의 왼쪽에는 누나, 화면의 오른쪽에는 남학생, 남학생은 미소를 띠며 무언가 말하는 듯하다. 두 사람은 같은 곳(화면 바깥의 어느 한 곳)을 바라보고 있다. 3/4 side view, medium shot, 남학생은 살며시 웃고 있다. 누나는 후드와 로브가 하나로 된 빨간 망토를 두르고 있고, 남학생은 썬 바이저(캡이 투명한 녹색)를 쓰고 남색 폴라티를 입고 있다. 두 사람은 동굴 안에 있다.

> 90년대 컬러 만화 화질, 투명해서 눈이 보이는 파란색 틴트가 된 실드가 달린 흰 오토바이 헬멧을 쓰고, 가죽 재킷을 입은 건장한 20대 남성. 정면을 바라보고, 약간 분노에 찬 표정으로 무언가 조곤조곤 이야기하고 있다. 3/4 side view, medium shot. 장소는 동굴.

2 캔바에서 편집하기

이미지 편집을 위해 **캔바(canva.com)**에 접속하고 로그인합니다. ① [만들기]를 누르고 [새로 만들기]에서 ② [프레젠테이션(16:9)]을 선택합니다.

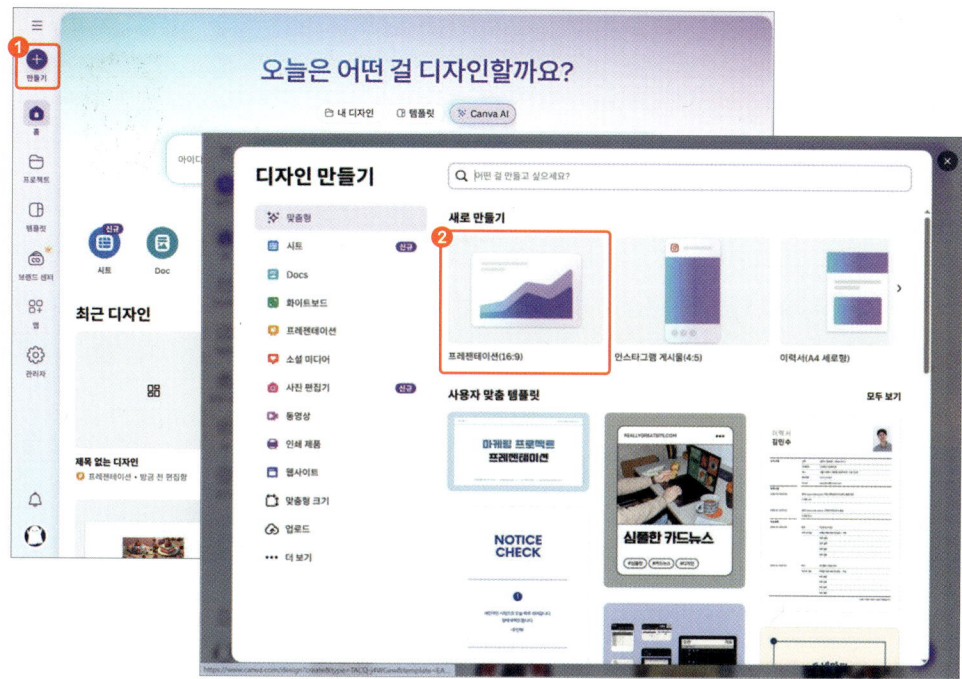

3 수정할 이미지를 가져와야 합니다. 상단 메뉴 중 ① [파일]을 누르고 ② [파일 업로드]를 누릅니다.

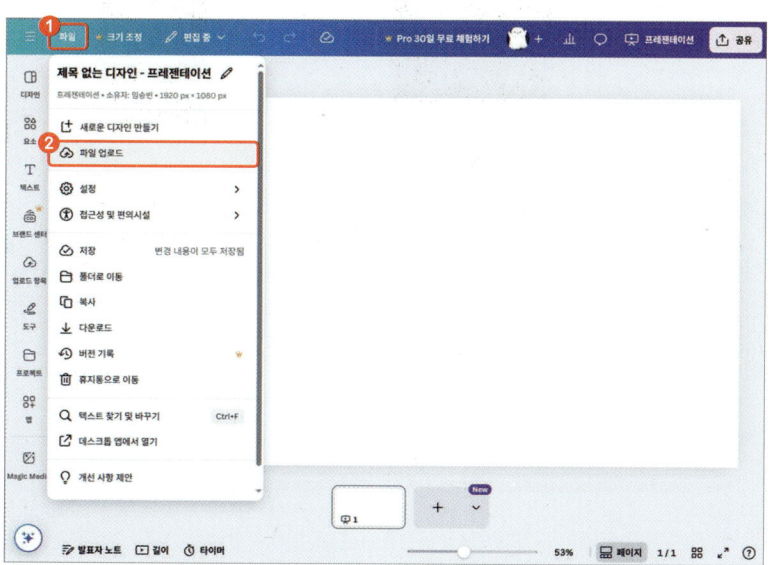

4 ① [파일 업로드]를 누르고 ② 앞서 만들어 둔 이미지를 선택한 후 ③ [열기]를 누릅니다. 또는 이미지를 드래그해 넣어도 됩니다.

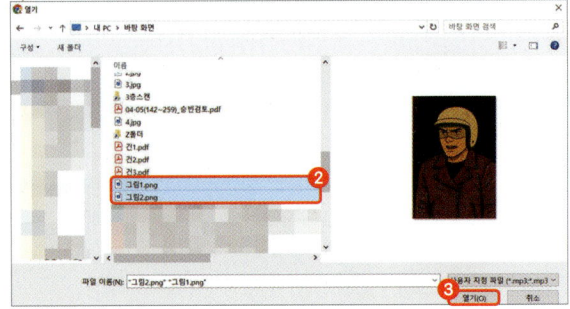

5 이렇게 올린 이미지 파일은 ① [업로드 항목]에서 확인할 수 있습니다. ② 자막을 넣을 이미지를 클릭해 캔버스에 불러옵니다.

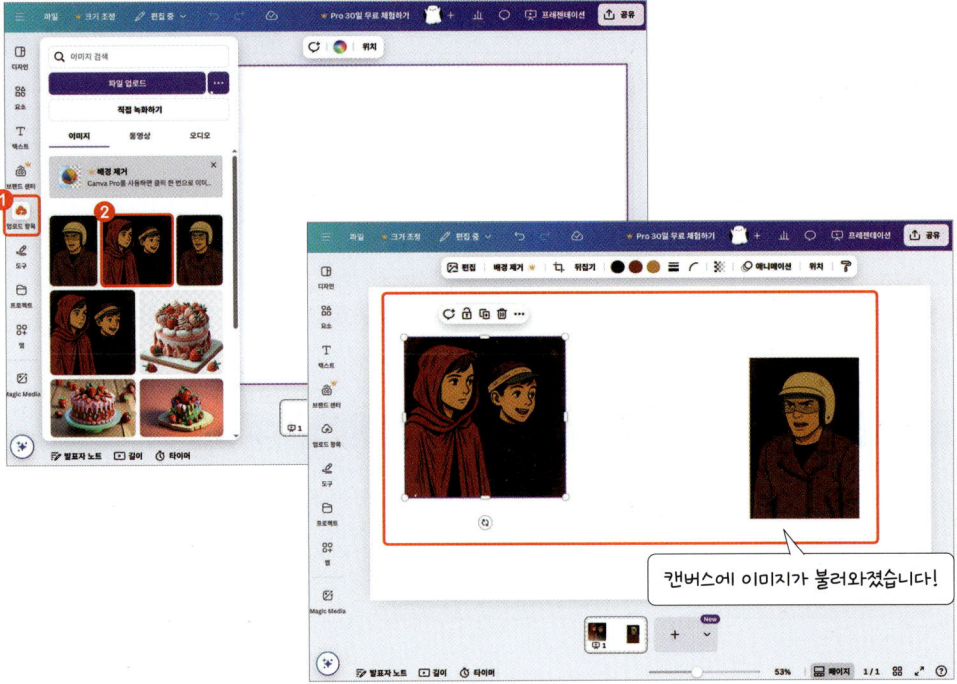

캔버스에 이미지가 불러와졌습니다!

6 이미지를 적당한 크기로 조정한 후 배치합니다

7 이제 자막을 넣어 보겠습니다. 왼쪽 메뉴 중 ❶ [텍스트]를 누르고 ❷ [제목 추가]를 누릅니다. ❸ 캔버스에 생긴 텍스트 상자에 알맞은 대사를 입력한 후 세부 설정을 조정합니다.

8 같은 방법으로 나머지 텍스트 상자도 채운 후 텍스트 상자의 위치까지 조정합니다.

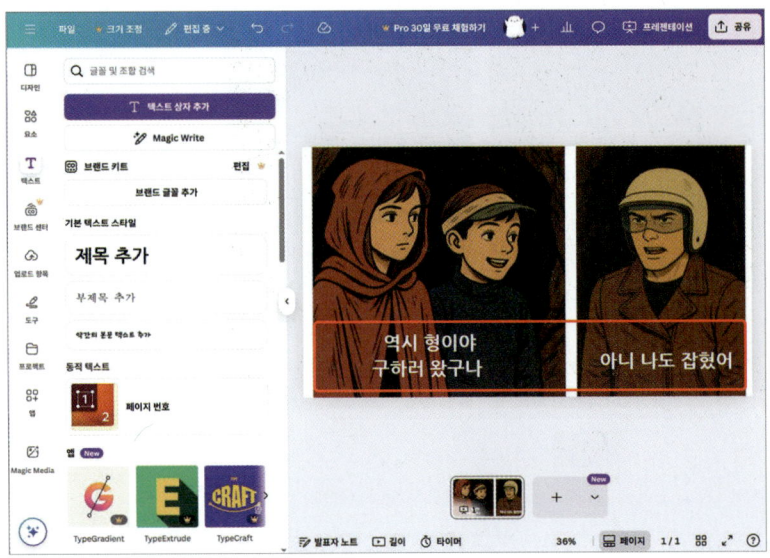

9 작업을 마쳤다면 오른쪽 위에 ❶ [공유]를 누르고 ❷ [다운로드]를 누른 후 나타나는 메뉴에서 ❸ [다운로드]를 눌러 이미지를 저장하세요.

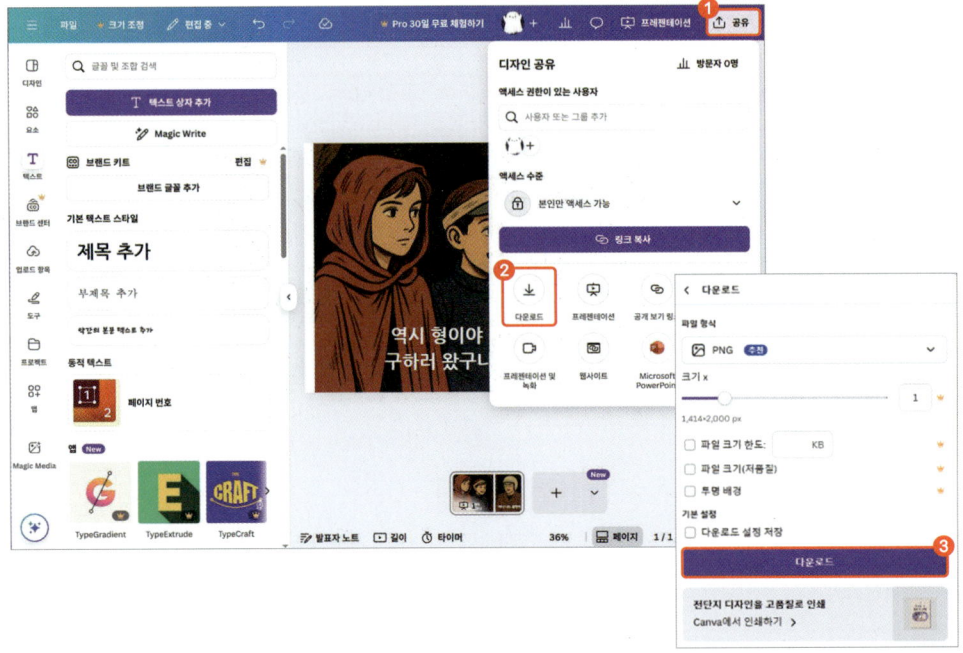

캔바로 완성한 자막형 만화

10 만약 말풍선으로 대사를 넣고 싶다면 ❶ 왼쪽 메뉴의 [요소]를 누르고 ❷ **말풍선**을 검색합니다. ❸ 마음에 드는 [말풍선]을 클릭해 캔버스에 추가한 후 ❹ 그 위에 **대사**를 입력합니다.

하면 된다! } 초대장 디자인하기

이번에는 몇 단계에 걸쳐 초대장을 디자인해 보겠습니다. 이때 캔바에서 제공하는 이미지 생성 기능과 배경 지우기 기능은 유료 사용자만 사용할 수 있습니다. 그래서 이미지 생성은 이 책에서 소개했던 무료 생성형 AI를 활용해 만들어야 합니다. 배경 지우기는 무료로 쓸 수 있는 서비스를 소개하니, 하나씩 따라 해보세요.

1 초대장 디자인 아이디어 얻기

이미지 생성 AI를 사용해서 어떤 식으로 초대장을 디자인하면 될지 아이디어를 얻어봅시다. 다음과 같이 프롬프트를 작성해서 몇 가지 초대장 예시를 살펴볼까요?

> ✨ **프롬프트와 결과물**
>
> 딸기 케이크가 디자인으로 들어간 세련된/심플한/미니멀한/감각적인 초대장 이미지

이미지 생성 AI를 활용해 디자인 아이디어를 얻었습니다.

세련된, 심플한, 미니멀한, 감각적인과 같이 느낌을 바꿔가며 네 가지 초대장 예시를 얻어 보았습니다. 저는 네 번째 초대장과 비슷하게 만들어 볼 거예요. 사실적인 케이크 사진이 한쪽에 배치되어 있고 언제 어디서 진행되는지 적힌 초대장을 만들어 보겠습니다.

2 초대장에 쓸 이미지 만들기

여러 개의 참고 디자인을 보고 나니 현실 속에 있을 것 같지만 진짜 케이크는 아닌 것 같기도 한 입체적인 디자인의 케이크를 디자인 요소로 넣고 싶다는 생각이 들었습니다. 이를 잘 표현해 줄 수 있는 '푸드아트 콘셉트', '3D 클레이아트' 키워드를 넣어 딸기 케이크 이미지를 표현해 보았습니다.

> **프롬프트와 결과물**
>
> 딸기 케이크, 푸드아트 콘셉트, 3D 클레이아트

3 이미지 배경 지우기

디자인을 만들 때 이미지의 배경이 디자인이나 글자에 간섭이 없게 하려고 배경을 제거해야 합니다. 이번 실습에서는 무료로 이미지의 배경을 삭제할 수 있는 서비스 **리무브 bg**(remove.bg/ko)를 이용해 보겠습니다. 사이트에 접속 후 배경을 지울 이미지를 올리세요. 올리자마자 알아서 배경을 지워 줍니다.

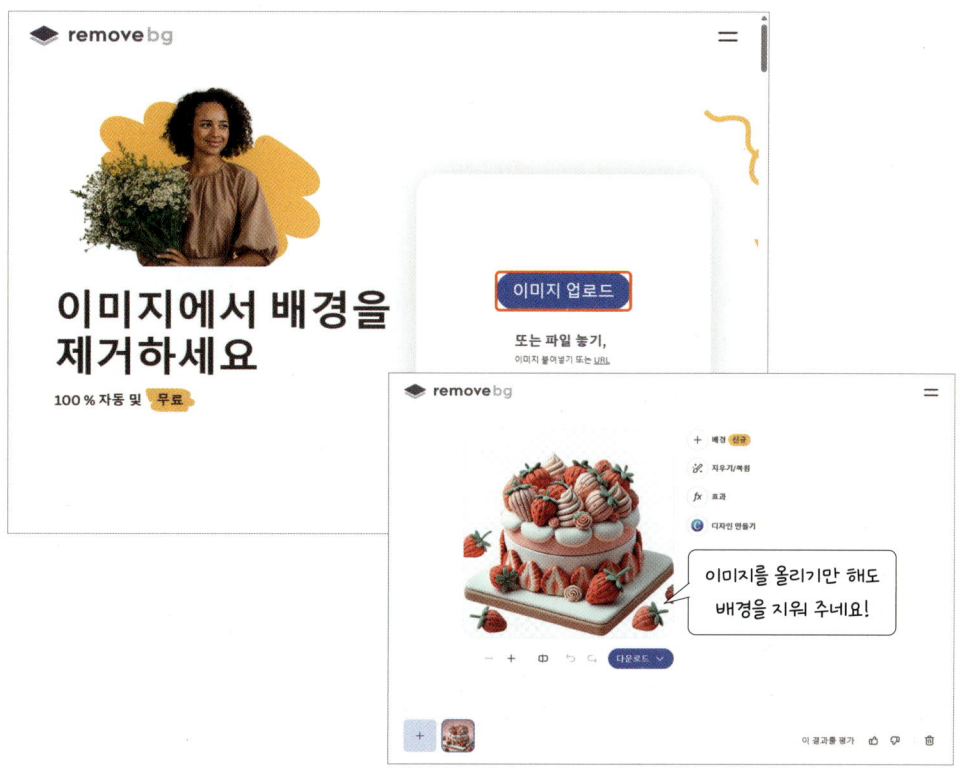

이미지를 올리기만 해도 배경을 지워 주네요!

4 만약 배경이 어색하게 지워졌다면 [지우기/복원]을 누르고 화면에서 제거하거나 표시할 영역을 직접 선택할 수 있습니다. 모든 작업을 마쳤다면 [다운로드]를 클릭해 이미지를 저장합니다.

5 캔바에서 이미지 편집하기

디자인 이미지를 참고해서 이미지를 배치하고 글자를 넣어 보겠습니다. 이미지 편집을 위해 캔바(canva.com)에 접속하고 로그인한 후 ❶ [만들기]를 누르고 ❷ [포스터(세로형A2)]를 누릅니다.

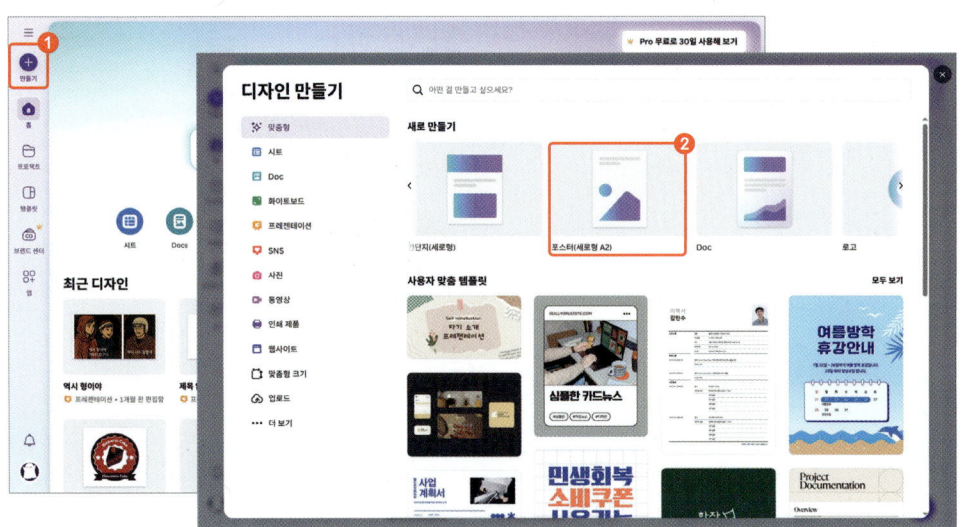

6 ❶ 캔버스에 배경이 제거된 이미지를 불러옵니다. 다음으로 ❷ [요소]를 누르고 ❸ [사각형 도형]을 선택해 도형을 추가합니다. 이때 캔바는 기존 디자인에 어울리는 색상을 알아서 적용해 줍니다. 만약 색상을 변경하고 싶다면 ❹ [색상]을 눌러 바꿀 수 있습니다.

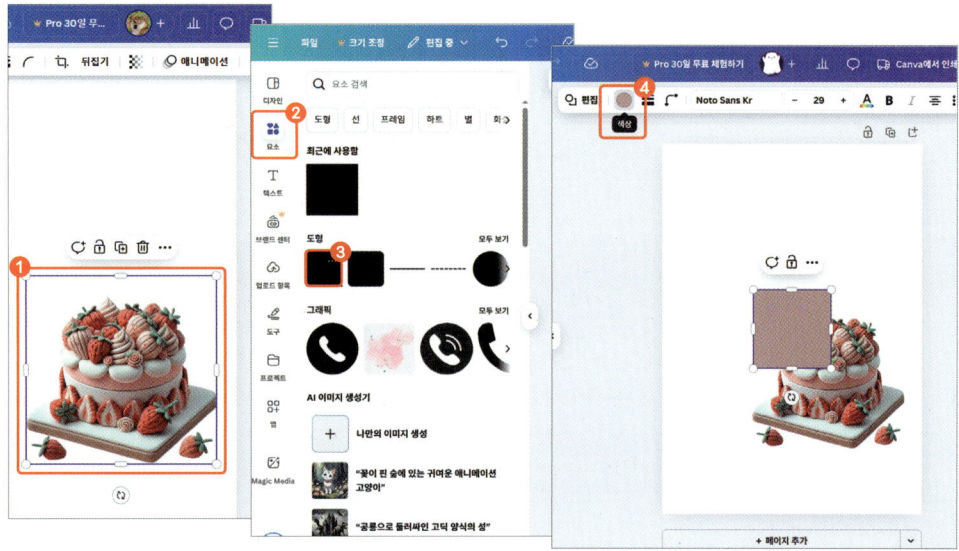

◆ 캔바에서 이미지를 넣는 방법은 181쪽에서 다뤘습니다.

7 ❶ 도형의 크기를 키우고 하단에 비스듬하게 배치합니다. 이때 사각형 도형이 케이크의 앞에 위치하므로 ❷ [더보기]를 누르고 ❸ [레이어]의 ❹ [맨 뒤로 보내기]를 누릅니다.

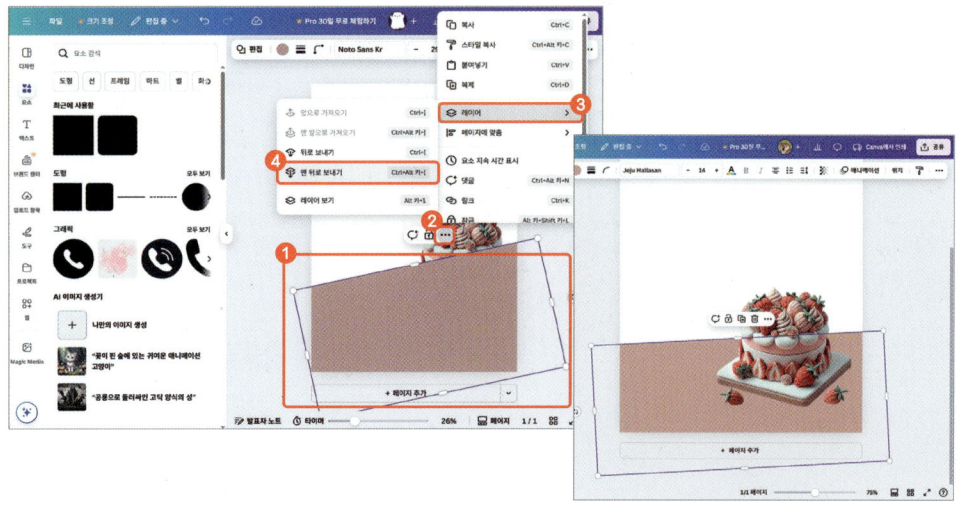

07장 ✦ 생성한 이미지, 다양하게 활용하기　**189**

8 빈 공간에는 생일 파티 정보를 적어 주세요. [텍스트]에서 원하는 디자인의 글자를 선택하고 정보를 입력합니다.

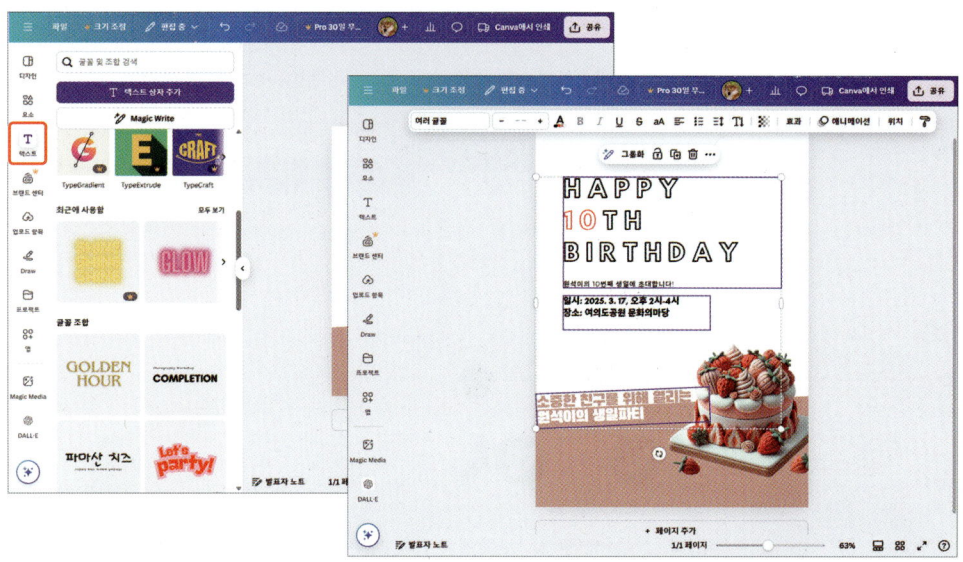

9 디자인이 완성되면 오른쪽 위에 ❶ [공유 → 다운로드]를 누른 후 나타나는 메뉴에서 ❷ [다운로드]를 클릭해 디자인을 저장하세요.

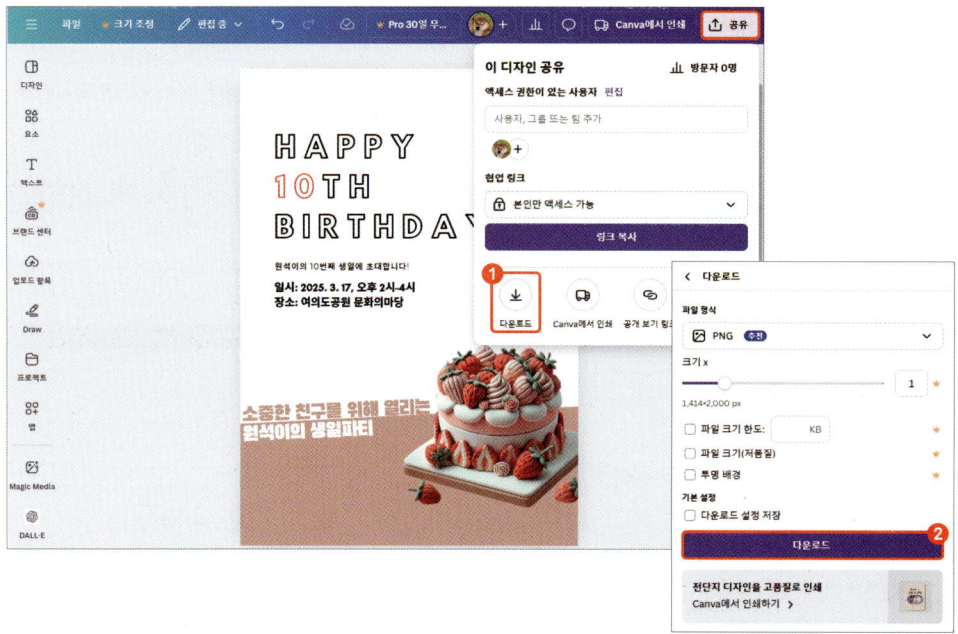

완성한 초대장 디자인

하면 된다! } SNS에 공유할 레시피 이미지 만들기

이번에는 SNS에 공유할 레시피 디자인을 만들어 보겠습니다. 많은 내용이 들어가는 시각 디자인을 만들 때는 이것을 보는 사람이 이해하기 쉽도록 내용을 크게 분류하여 화면을 어떻게 나누어 쓸 것인지 적절히 나누는 것이 좋습니다.

1 화면 크기 정하기

캔바에서 디자인을 새로 만들면 화면 크기부터 정합니다. 디자인을 사용할 곳마다 화면 크기가 제각각이기 때문에 많은 내용을 담으려면 게시할 곳의 화면에 맞추어 디자인을 제작해야 합니다.

저는 인스타그램에 게시할 레시피 디자인을 예시로 만들어 보겠습니다. [만들기 → 인스타그램 게시물(4:5)]을 누릅니다.

2 화면 나누기

생성된 화면에서 전달할 정보를 분류하고 어디에 표시할 것인지 영역을 나누어 보겠습니다. 레시피는 크게 **재료, 조리 과정, 완성된 요리 사진**을 보여줍니다. 따라서 이 세 가지 영역을 디자인 안에서 나누어야 합니다.

그런데 각 영역을 얼마의 크기로 나누어야 좋을까요? 이것은 목적에 따라 다릅니다. 레시피의 상세한 정보 전달이 목적이라면 재료나 조리 과정에 더 큰 영역을 할당해서 이미지나 글자를 많이 집어넣으면 됩니다. 사람들의 시선을 집중시키는 게 더 중요하다면 재료나 조리 과정을 더 축약해서 적더라도 예쁘게 완성된 요리 사진을 크게 넣어야 합니다.

저는 인스타그램에서 사람들이 게시물을 최대한 많이 조회할 수 있도록 시선이 가는 레시피 디자인을 만들기 위해 다음과 같이 영역을 나눠서 정보를 넣으려고 합니다. 제목은 디자인이 완성되고 나서 시선이 가장 먼저 갈 것 같은 완성 사진 근처에 끼워 넣어 보겠습니다.

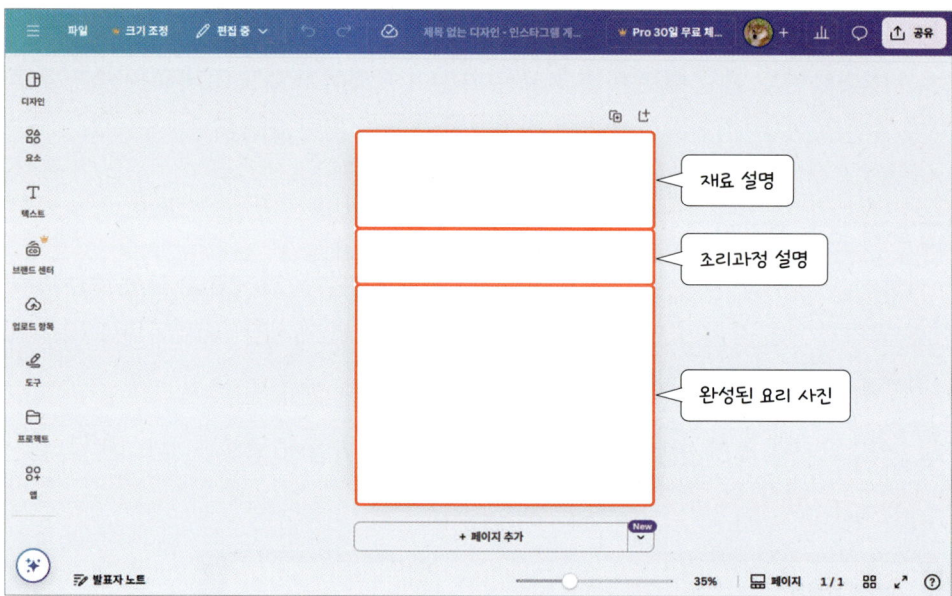

3 이미지 생성하고 붙여넣기

이미지 또한 디자인에서 어떻게 사용되고 배치될지 미리 상상하고 만드는 것이 좋습니다.

제가 선택한 인스타그램은 좁은 지면에 많은 내용을 넣어야 하므로 최대한 내용이 압축되고 간결한 이미지를 만들어 사용하려고 합니다. 우선 레시피 디자인에 들어갈 요소들을 이미지 생성 AI로 제작했습니다.

✨ 프롬프트와 결과물

가래떡 300g, 어묵 100g, 어슷썰기한 대파 한 줌, 흰 종이컵에 담긴 물 1컵, 흰 사발 안에 담긴 섞기 전의 양념장 재료(설탕 4T, 간장 2T, 고추장 1T 고춧가루 1T), 조감도 각도로 촬영한 사진, 풀샷, 매우 흰 배경의 밝은 스튜디오에서 촬영, 글자 없이 이미지만 생성

떡, 어묵, 대파가 들어간 떡볶이 조리 완성 모습, 대파는 어슷썰기 했고 숨이 죽었다, 떡볶이가 어울리는 접시에 푸드 아트 스타일 플레이팅하여 촬영, 매우 흰 배경의 밝은 스튜디오에서 촬영

187쪽에서 다뤘던 리무브 bg에서 배경을 제거했습니다.

4 프롬 AI(promeai.pro)에서 아웃페인팅 기능을 활용해 화면 여백을 확장합니다.
◆ 프롬 AI에서 아웃페인팅을 하는 방법은 172쪽에서 다뤘습니다.

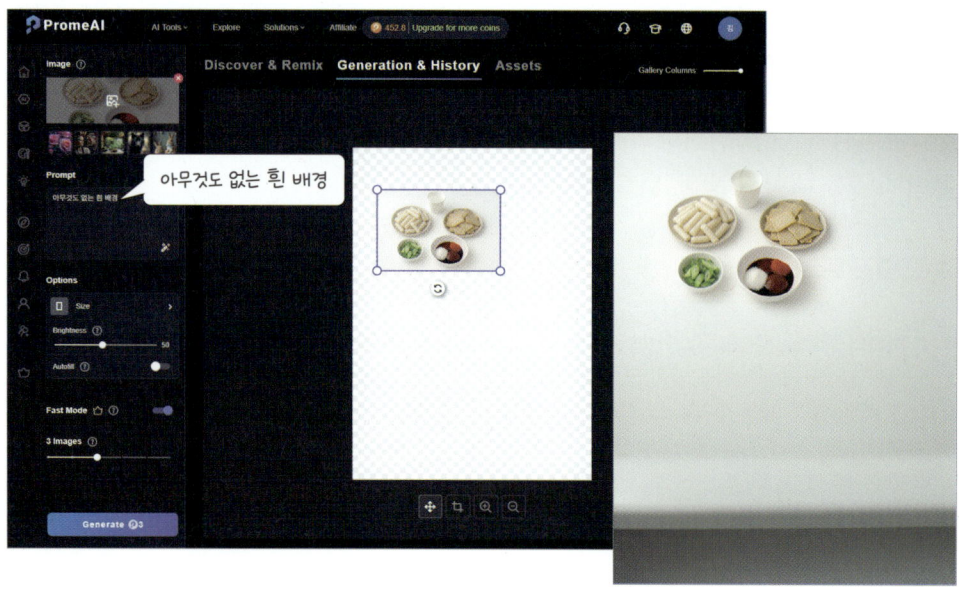

5 이미지와 텍스트 넣고 레이아웃 잡기

디자인을 만들면서 계획했던 목적을 달성할 수 있도록 생성한 이미지와 텍스트 요소를 이리저리 배치해 봅니다. 인스타그램에 올릴 게시물이기 때문에 감각적이면서도 시선이 집중되는 디자인을 구상해 보았습니다.

6 디자인 완성하기

이제 세부적인 내용과 요소를 다듬어 디자인을 완성합니다.

07-4

이미지를 동영상으로, 이미지 투 비디오 AI 맛보기

이미지만으로 머릿속 생동감 넘치는 장면을 현실에 옮기기에는 한계가 있죠. 이제 멈춰 있는 장면에 생명력을 불어넣을 수 있도록 '사진으로 움직이는 영상 만드는 방법'을 다뤄 보겠습니다.

생성형 AI를 활용해 이미지를 영상으로 바꾸는 방법은 한때 SNS에서 크게 유행했습니다. 부모님의 젊은 시절 사진을 생생한 영상으로 만들어 선물하거나 돌아가신 할머니, 할아버지 사진을 움직이게 해 그리움을 표현했었죠. 현충일에는 순국선열 애국지사분들의 사진을 움직이는 영상으로 만들어 그분들의 헌신을 기리기도 했고, 무지개다리를 건넌 반려동물 사진에 생기를 불어넣는 등 많은 사람에게 감동을 주기도 했습니다.

여러분도 생성한 이미지로 온전한 감정을 전달하기 힘들다면 여기서 소개하는 비디오 생성 AI를 이용해서 이미지를 영상으로 만들어 보면 어떨까요?

하면 된다! } 이미지를 활용해 영상으로 만들기

1 이미지를 영상으로 만들기 위해서 구글의 Veo3 서비스를 이용해 보겠습니다. 단, 1회 체험할 수 있으니, 프롬프트를 꼼꼼히 작성해서 영상을 생성해 보세요. Veo3 AI(veo-3.ai)에 접속하고 [Try Veo3 Now]를 누르세요.

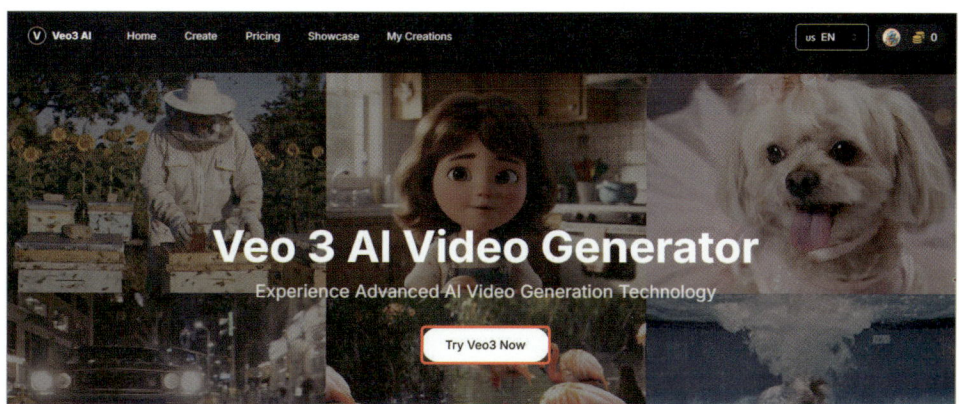

2 오른쪽 위의 [Sign in]을 눌러 회원 가입 또는 로그인하세요. 구글 계정에 로그인하면 쉽게 연동이 됩니다.

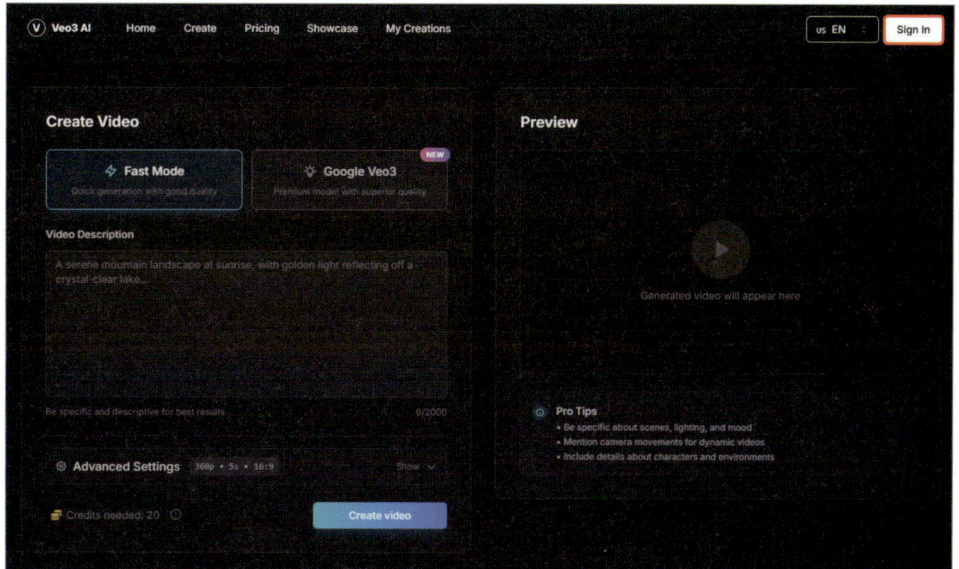

3 로그인을 마친 후 현재 화면에서 영상을 생성하는 프롬프트를 입력해서 영상을 만들 수 있습니다. 이번 실습에서는 앞서 만든 이미지를 동영상으로 만드는 작업을 해보겠습니다. [Advanced Settings]를 눌러 메뉴를 펼쳐 주세요.

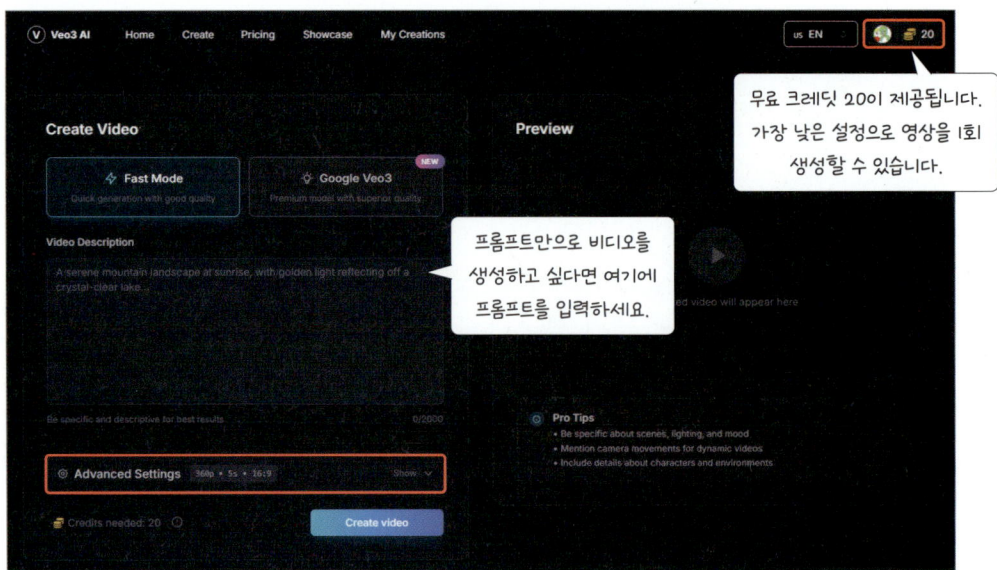

4 무료로 제공하는 20개의 크레딧은 가장 낮은 사양의 영상만 만들 수 있습니다. ❶ Viedo Duration(영상 길이)은 [5 seconds]로, ❷ Video Quality(화질)는 [360p]로 설정합니다. Aspect Ratio(비율)는 원하는 대로 설정해도 됩니다. ❸ Reference Image를 눌러 영상으로 만들 이미지를 올립니다.

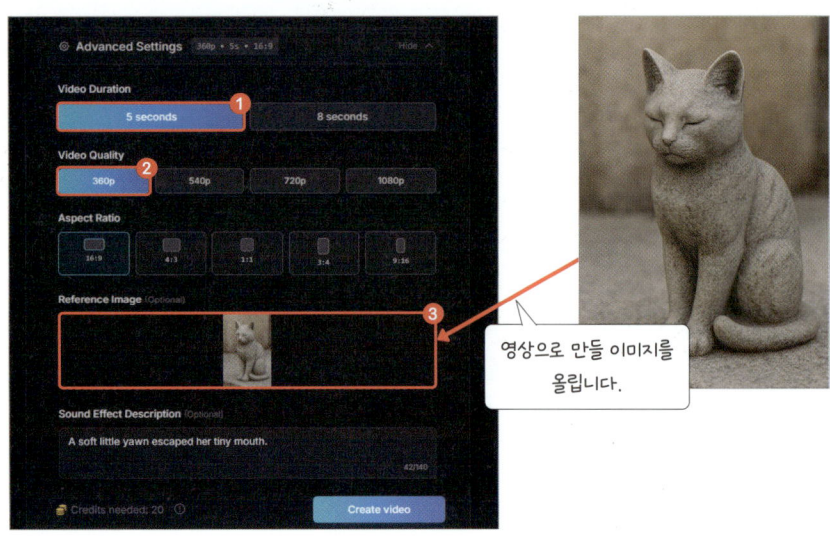

5 저는 고양이 사진을 넣었고, 고양이가 하품하는 모습으로 영상을 만들어보려고 합니다. ❶ video Description에는 The cat is yawning을, ❷ Sound Effect Description에는 A soft little yawn escaped her tiny mouth로 입력했습니다. 입력을 마친 후 ❸ [Create video]를 눌러 영상을 생성하세요.

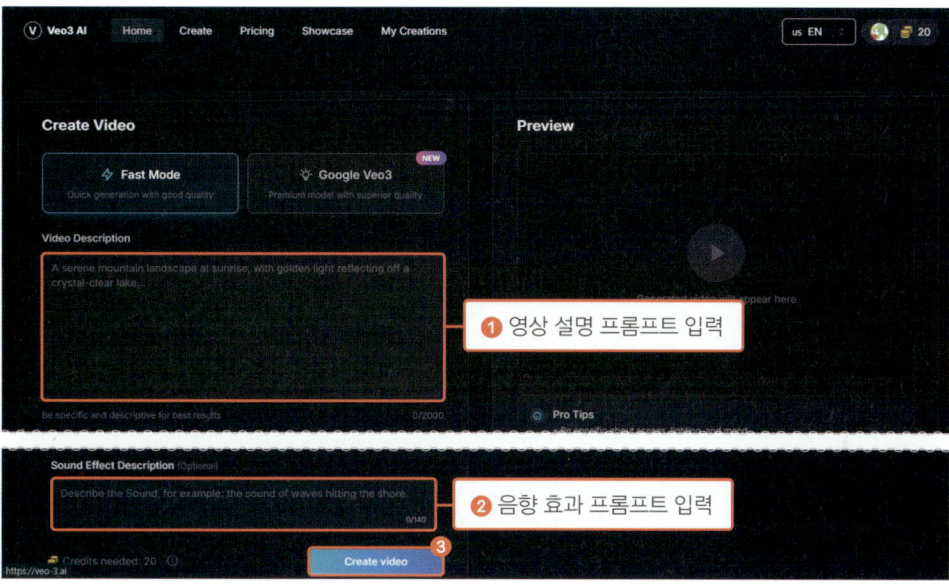

6 영상 생성이 완료되었습니다. 오른쪽의 Preview 화면에서도 영상을 확인할 수 있습니다. [Download]를 눌러 영상을 내려받을 수 있습니다.

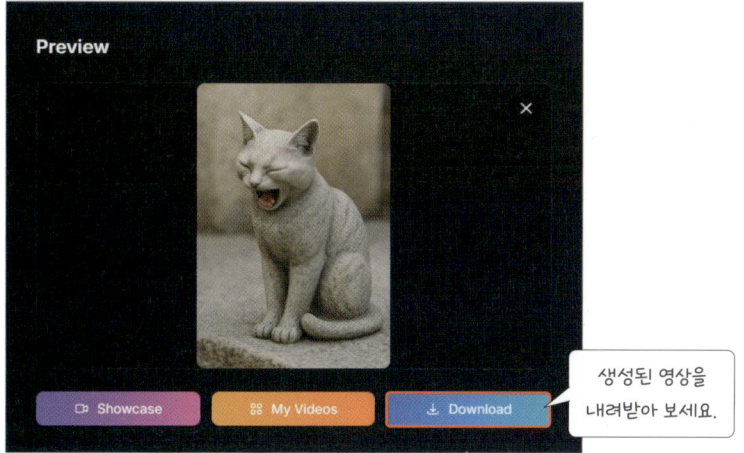

정적인 이미지를 어떻게 생동감 넘치는 영상으로 바뀌었는지 궁금하신가요? 오른쪽 QR코드를 스캔하여 직접 확인해 보세요.

이 실습은 어떤 프롬프트를 사용했는가, 또는 원본 이미지가 무엇인가 등 다양한 요소로 인해 다르게 결과물이 나올 수 있습니다. 또한 비디오 생성 AI의 발전에 따라도 달라질 수 있죠. 여러분만의 개성 넘치는 비디오를 만들었기를 바랍니다.

이것으로 이 책의 모든 학습 과정을 마칩니다.

이제 여러분은 단순히 이미지를 생성하는 것을 넘어 자기 생각을 자유롭게 표현하고, 다듬고, 확장하는 한 방법을 경험했습니다. 이 경험은 앞으로 여러분이 이미지 생성 AI가 아닌 어떤 AI를 만나더라도 원하는 결과물을 만들어 낼 수 있는 강력한 힌트가 될 것입니다.

이 책의 여정은 여기서 마무리되지만 여러분의 창작 활동은 이제부터가 시작입니다. 이 책에서 배운 '프롬프트 설계'라는 든든한 기초와 함께 여러분의 무한한 상상력을 마음껏 펼치시길 바랍니다.

찾아보기

한글로 찾기

간접적인 표현	91
감각적 요소	93
감마	15
거대 언어 모델	20
게임 캐릭터	150
공모전	17
구체성	93
굿즈	158
네 컷 만화용 캐릭터	147
네거티브 프롬프트	22
노르디	53
노벨 AI	50
달리	23
동물병원 마스코트	148
동호회 심벌	141
디자인 도안	157
디자인 아이디어	154
런웨이	15
레시피	161, 191
레오나르도 AI	35, 44
리버스 프롬프팅	22, 176
리얼타임	42
마이크로소프트 디자이너	41
만화	180
매직 프롬프트	43
매체 유형	120
맥락에 따른 특징	93
멀티모달 AI	20
무늬 디자인	155
미드저니	49
발표 자료	160
배경	73
배경 변경	36
배경 제거	36
버추얼 인플루언서	149
부분 수정	30
북극곰 스티커	144
블로그	165
삽화	159
생성형 AI	14, 19
수노 AI	15
스케치를 이미지로 바꾸기	34
스토리텔링	50
시각적 표현	73
시드 번호	22
아웃페인팅	22, 38, 168
업스케일링	22, 35
우주인 스티커	143
워크플로	22, 51
원본 이미지 수정	32
의상 바꾸기	36
이디오그램	43
이모티콘	151
이미지	70
이미지 배경 지우기	187
이미지 생성 AI	16
이미지 투 비디오 AI	196
이미지를 스케치로 바꾸기	34
인물 광고 사진	64, 81
인테리어	66
인페인팅	22, 37, 167
인포그래픽	164
일러스트	159
자기소개서	82
저작권	59
제미나이	46
제품 디자인	65, 153
제품 상표	142
중심 요소	63, 71
챗GPT	14, 28, 40
초대장	186
카드뉴스	164
캔바	179
컴피 UI	51
크레아	42
클래식 모드	44
키워드 추출	176
텍스트 렌더링	22
텍스트 투 이미지 AI	20
텍스트 투 텍스트 AI	20
파인 튜닝	22
파파고	57
판타지	68
풍경	73
프롬 AI	35, 45, 172
프롬프트	21, 23, 56
프롬프트 엔지니어링	21
프롬프트 체크리스트	75, 139
플로 스테이트 모드	44
픽토그램	145
학교 로고	78
화질 개선하기	35
화풍	38

숫자 및 영어로 찾기

2D 픽셀 캐릭터 디자인	67
3D 모델링	156
AI 크리에이터	16
Canva	179

ChatGPT	14, 40	사진	125
classic mode	44	사진 촬영 테마	126
Comfy UI	51	조각상	122
DALL-E	23	표현 방식(화풍)	121
finetuned model	44		
fine-tuning	22	**시각적 표현 방법: 화면 구성**	
flow state mode	44	구도	96, 133
Gemini	46	뒷모습	105
generative AI	19	레벨(높이)	129
Ideogram	43	시선 처리	97
inpainting	22, 37, 167	시점	130
Krea	42	앵글(각도)	129
Large Language Model	20	프레임	127
Leonardo AI	44		
LLM	20	**시각적 표현 방법: 빛과 분위기**	
Magic Prompt	43	분위기	116
Microsoft Designer	41	빛의 방향	134
midjourney	49	빛의 온도	135
Models & Training	44	빛의 표현 방식	136
Multimodal AI	20		
negative prompt	22	**프롬프트 체크리스트로 만든 예시**	
nordy	53	로고	140
Novel AI	50	삽화	159
outpainting	22, 38, 168	스티커	140
Prome AI	45, 172	아이콘	140
prompt	21	이모티콘	146
realtime	42	일러스트	124
remove bg	187	제품 디자인	153
reverse prompting	22, 176	캐릭터	146
seed	22	픽토그램	140
text rendering	22		
text-to-image AI	20		
text-to-text AI	20		
upscaling	22, 35		
Veo3	197		
workflow	22, 51		

키워드로 찾기

중심 요소: 인물

간접적 표현	94
감정	87
나이	83
인물	81
인상착의	88
인종/지역	84
자세	94
표정	86
헤어스타일	89

중심 요소: 동물

동물	98
동물의 외양	100
동물의 자세	103
동물의 표정	99
무늬	101
서식지/환경	100
움직임/행동	100
의인화	102

중심 요소: 사물

소재	107
질감	109
추상적인 느낌	110

배경

배경	117
풍경	114

시각적 표현 방법: 매체 유형

공예	122
디지털 그래픽 디자인	123
미술 도구	120

마케팅, 업무 활용 무엇이든

된다! 시리즈 구체적으로 도와주는 책

된다! 네이버 블로그 상위 노출

내 글이 네이버 메인에 뜬다!
블로그 만들기부터 인플루언서 되기까지
꾸준히 검색되는 콘텐츠 글쓰기 기술

황윤정 지음 | 18,000원

된다! 실무 엑셀 파워포인트 워드 & 한글

기업, 관공서 20년 특강 노하우를 담았다!
진짜 실무를 알려 주는 오피스 프로그램 입문서!

한정희, 이충욱 지음 | 30,000원

된다! 최반장의 실무 엑셀 with 피벗 테이블

데이터 분석의 90%는 피벗으로 끝난다!
88개 무료 동영상 강의와 함께 배운다!!

최재완 지음 | 17,000원

된다! 엑셀 수식 & 함수

복잡한 수식의 원리부터 함수 설명까지!
109가지 실무 예제와 함께 배우는
'엑셀웍스'의 명품 강의!

정태호 지음 | 28,000원

된다! 하루 만에 끝내는 챗GPT 활용법

글쓰기, 영어 공부, 유튜브, 수익 창출까지!
인공지능에게 일 시키고 시간 버는 법

프롬프트 크리에이터 지음 | 20,000원

된다! 하루 5분 노션 활용법

4,000명 방문 포트폴리오의 비밀 공개!
하루 5분 기록으로 인생이 바뀐다!

이다슬 지음 | 16,800원

> 도전!
> 인플루언서

나만의 블로그를 운영해 보고 싶다면!
생성형 AI로 블로그 글 빠르게 쓰고 체험단 활동으로 수익 창출까지!

된다!
블로그 10분 작성법

상위 1% 블로거가 쓰는 생성형 AI 활용 노하우
기획부터 초안 작성, 사진 보정, 포스팅까지!

코예커플 지음 | 216쪽 | 18,000원

된다! 체험단부터 광고 수익까지
돈 버는 블로그 만들기

하루 30분이면 블로그로 수익 창출 가능!
체험단부터 애드포스트, 광고 수익까지!

마주현 지음 | 248쪽 | 18,000원

도전! 크리에이터

유튜브를 처음 시작하는 분들을 위한 추천 도서!
컴퓨터를 잘 다루지 못해도 걱정하지 마세요. 차근차근 알려 드려요

된다!
김메주의 유튜브 채널&영상 만들기

예능 자막부터 비밀스러운 광고 수익까지!
초보자도 하루 안에 유튜버 된다!

김혜주 지음 | 380쪽 | 19,000원

7년 연속 베스트셀러

된다!
조회수 터지는 유튜브 쇼츠 만들기

구독 없이도 알고리즘 탄다!
AI로 영상 빠르게 만들어 수익화까지!

최지영 지음 | 248쪽 | 22,000원

아이패드 100% 활용법

아이패드를 제대로 활용하고 싶은 분들을 위한 추천 도서!
기기 사용 방법부터 삶을 바꾸는 기록 노하우까지 배워 보세요!

된다!
톡써니의 아이패드 24시간 활용법

아이패드 활용 분야 1위!
그동안 몰랐던 아이패드의 무궁무진한 능력을 펼쳐라!

톡써니(홍정희) 지음 | 296쪽 | 16,800원

된다!
하루 5분 아이패드 기록 생활

평범하게 흘러가는 일상을
특별한 하루로 만드는 기록의 비밀!

희나 지음 | 296쪽 | 18,000원

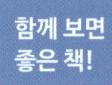
함께 보면 좋은 책!

디자이너라면 소장해야 할 필독서!
실무 조언부터 배색 아이디어까지 디자인 고민을 한결 덜어 드려요

일 잘하는 디자이너

클라이언트 설득부터 타이포그래피,
색상 선택, 면접 준비까지!
현실 조언 69가지

시부야 료이치 지음 | 안동현 역 | 224쪽 | 16,000원

색 잘 쓰는 디자이너

디자이너에게 영감을 주는
배색·디자인 아이디어 800가지

고바야시 레나 지음 | 강아윤 감수 | 240쪽 | 18,000원

3년 연속 베스트셀러!
일반인을 위한 생성 AI 실무 입문서!

최신 버전 GPT-4.1 반영!

된다! 하루 만에 끝내는 챗GPT 활용법

인공지능에게 일 시키고 시간 버는 법

인공지능 전문 유튜버 '프롬프트 크리에이터' 지음

유튜브 무료 강의 제공!

최신 생성 AI 정보 업데이트 중!

3년 연속 베스트셀러!
2만 독자에게 사랑받은 1일 완성 입문서!

전면 개정 3판!

"챗GPT를 이해하고 활용하는 데 이보다 더 좋은 시작점은 없을 것!"
"디지털 기술에 대한 두려움을 극복할 수 있도록 자신감을 심어 주는 책!"

인공지능 전문 유튜버 '프롬프트 크리에이터' 지음 | 316쪽 | 20,000원

이지스 퍼블리싱